教育部人文社科项目

"地区财富水平对企业绿色生产效率的影响研究：基于区域协调发展的视角"

（项目号：22YJA790063）

王艳龙　孙铁柱　范　阳　著

财富水平
与绿色发展效率

WEALTH LEVEL
AND

GREEN DEVELOPMENT
EFFICIENCY

社会科学文献出版社
SOCIAL SCIENCES ACADEMIC PRESS (CHINA)

摘　要

　　随着全球环境问题日益凸显，绿色发展转型迫在眉睫，越来越多的国家与地区参与到这一进程中来。绿色发展转型受到经济、政治、环境等因素的影响，而财富水平是影响绿色发展效率的一个重要因素，其影响不仅仅局限在资源投入与政策制定层面，更扩展到环境保护的成效以及经济增长的可持续性上。在全球不同国家和地区之间，财富水平的差异不仅导致了绿色发展的不平衡现象，同时也对环境保护和经济可持续性增长产生了深远的影响。高财富水平国家由于其丰富的资源、资金和技术优势，更有能力在环保领域进行投资和创新，推动绿色技术的研发和应用，减少污染物排放，提高资源利用效率。这使得这些国家能够相对较快地实现绿色发展，在经济增长的同时保护生态环境。然而，低财富水平国家由于受限于资源和资金，可能难以进行同样规模的环保投入，造成了环保和经济发展的不平衡，限制了绿色发展效率的提高。深入研究财富水平对绿色发展效率的影响，有助于更好地理解不同国家和地区在绿色发展方面的差异。这不仅为各国制定环境政策和可持续发展战略提供了科学依据，也为国际合作提供了更清晰的方向。通过了解不同财富水平背后的机制和因素，可以更准确地评估环保政策的效果，优化资源配置，实现最大限度的环保和经济效益。此外，深入研究还可以为全球范围内的绿色转型提供经验和教训，促进人类社会朝着更加可持续发展的未来迈进。因此，研究财富水平对绿色发展效率的影响具有重要的意义。

本书对财富水平影响绿色发展效率进行了研究。首先,分析财富水平对绿色发展效率影响的研究背景与研究意义,进而梳理了国内外与本书相关的研究文献,对本书的主要研究内容进行概括。其次,对财富、财富水平、绿色发展、绿色发展效率的概念进行界定,根据财富水平相关理论、绿色发展相关理论以及财富水平对绿色发展影响的相关理论,对财富水平影响绿色发展效率的机制进行分析。再次,构建区域财富衡量指标体系对省级层面财富水平进行测算,采取 DEA-SBM 模型和 GML 指数分解模型对绿色发展效率进行测算,并根据测算结果对财富水平与绿色发展效率的时空演变特征进行分析;进一步,通过设定模型、选取变量,对财富水平影响绿色发展效率进行模型检验、稳健性检验以及异质性检验,并得到相关结论。最后,基于理论分析与实证分析结果,分别从国家、社会与企业层面提出提高财富水平,提升绿色发展效率的对策建议,以期增强我国财富水平对绿色发展效率的推动作用。

关键词: 财富水平 绿色发展效率 时空演变

目　录

| 第一章 |

绪论

第一节　研究背景

近年来，全球范围内的环境问题日益凸显，气候变化、生态系统退化、资源短缺等挑战正在对人类社会和自然界造成严重影响。在这一背景下，可持续发展和绿色发展成了国际社会共同的关注焦点。绿色发展作为一种在维护生态平衡的前提下实现经济增长的发展模式，已被越来越多的国家和地区所采纳和推动。然而，实现绿色发展并不是一项简单的任务，涉及经济、环境、社会等多个领域的相互作用。其中，财富水平作为一个重要因素，对绿色发展效率产生着深远的影响。财富水平反映了一个国家和地区的经济实力和资源能力，它可以影响环境政策的制定和实施、绿色技术的研发和应用、环保产业的发展等方面。

首先，随着全球化进程的不断深入推进，不同国家和地区之间的财富水平差异逐渐显现，对绿色发展产生了深刻而多样化的影响。这一现象在高收入国家和发展中国家之间呈现鲜明的对比，凸显了绿色发展在全球范围内的复杂性与挑战。高收入国家作为经济实力强大的代表，已经在环保技术创新、可再生能源开发等领域取得了显著的进展，为绿色发展的探索铺平了道路。然而，与高收入国家相对应的是

1

发展中国家面临更大的挑战。虽然这些国家积极追求经济增长以提高人民生活水平，但在经济发展与环保之间的平衡却显得尤为脆弱。这一脆弱性部分源于财力不足的限制，许多发展中国家由于受资金限制，往往难以在绿色发展领域投入足够的资源。此外，技术落后和缺乏创新能力也限制了这些国家在环保技术方面的突破，导致绿色发展效果不尽如人意。在追求经济增长和改善民生的背景下，发展中国家需要平衡各种需求，努力在资源有限的情况下寻找可持续发展的路径。深入研究财富水平对绿色发展效率的影响，有助于更好地理解不同国家在绿色发展领域所面临的机遇和挑战，为推动全球绿色转型提供有益的思考和启示。

其次，财富水平不仅影响着国家在绿色发展方面的资源投入和环保措施，也深刻地塑造了各国对绿色发展目标的重视程度，从而在环保政策制定和实施中产生了显著差异。这一现象在高收入国家和发展中国家之间呈现明显对比，凸显了财富水平在引导国家环保倾向和行动中的重要角色。高收入国家由于其财富优势，对绿色发展目标的重视程度较高，环保政策的执行效果相对较好，有效地推动了经济增长和环境保护的双赢局面。发展中国家在追求经济增长的同时，常常面临基础设施建设、扶贫等紧迫问题，从而可能将环保问题相对放在次要位置。虽然这些国家也意识到环境保护的重要性，但在资源有限的情况下，环保往往被迫退居其次。偏重经济发展的倾向可能会造成环境恶化、自然资源耗竭等问题，最终可能导致可持续发展的困境。虽然一些国家已经在制定环保政策和法规方面取得了一定的进展，但由于财富水平的限制，环保政策的实际效果不佳。高收入国家和发展中国家对绿色发展重视的差异性在环境政策制定和实施中产生了不同程度的作用力，对绿色发展的路径和效果产生了深远而重要的影响。

最后，新兴市场国家作为经济增长的重要推动者，在取得显著成就的同时，也面临着特殊而复杂的环境挑战。尽管这些国家在经济领域实现了较高的增长，但同时也引发了环境污染、资源浪费等问题，使得绿色发展面临着紧迫的考验。在追求工业化和城市化进程中，这些国家可能倚重传统高耗能产业，如重工业、煤炭和石油化工等，会产生大量的碳排放，进而导致大气污染和水污染。虽然经济增长带来了就业机会和生活水平的提升，但与此同时，环境问题也逐渐加剧，对生态环境和人民健康产生了不可忽视的影响。随着国际社会对环境问题关注度的提升，新兴市场国家也逐渐面临加大环保投入的压力。国际社会对环境保护的呼声日益高涨，全球范围内的环保合作逐渐加强，这使得新兴市场国家不得不重新审视其发展模式。在这种情况下，这些国家需要在追求经济增长的同时，考虑如何减轻环境负担，加大对环保产业和技术创新的投入。这样的转变既是应对国际社会期待的必要操作，也是实现可持续发展的内在需求。

第二节 研究意义

一 理论意义

（一）为环境经济学的理论体系增添新的洞见和理论深度

环境经济学作为研究环境问题与经济发展相互关系的学科，一直关注着如何在经济增长的同时实现环境保护的目标。财富水平作为一个重要的影响因素，在这一关系中发挥着至关重要的作用，通过深入分析财富水平对绿色发展效率的影响机制，可以为环境经济学提供新的研究范式。传统的环境经济学研究往往将环境问题视为经济增长的外部性影响因素，强调在环境保护与经济发展之间的权衡取舍。然而，随着绿色发展理念的兴起，财富水平作为影响绿色发展效率的内在因素，需要引入更为细致和精确的研究范式来解释其对环境与经济关系的影响。因此，这项研究有望为环境经济学的研究范式带来创新，从而更好地解释财富水平在绿色发展中的作用机制。

此外，相关研究可以为环境经济学构建新的理论模型。当前的环境经济学模型往往假定经济增长与环境保护之间存在固定的关系，而财富水平的不同可能会导致这种关系的变化。通过深入研究财富水平对绿色发展效率的影响，可以构建更为精细的理论模型，将财富水平作为一个内生变量来考虑，从而更准确地反映环境与经济之间的相互作用关系。这有助于提升环境经济学模型的预测能力和解释力，为政策制定者提供更准确的参考。

（二）深化可持续发展理论及内涵

当今，经济增长与环境保护之间的平衡成了摆在每个国家面前的关键挑战。追求经济增长的同时，保护环境和实现可持续发展已经被广泛认可为全球共识。在这一背景下，研究财富水平如何影响绿色发展效率，将有助于揭示财富水平在可持续发展中的作用机制，进一步拓展可持续发展理论的内涵，为实现人类社会的长期可持续发展提供更为深刻的理论指导。

另外，可以揭示财富水平在绿色发展中的关键作用机制。财富水平影响着国家和地区在环保领域的资源投入、绿色技术创新和环保政策制定。深入研究财富水平如何影响这些关键要素，可以帮助我们更好地理解财富与绿色发展之间的关系，为可持续发展理论提供新的视角。探索新角度有助于丰富和完善现有的可持续发展理论，使其更加贴近实际情况，更具解释力和预测能力。当前的可持续发展理论主要关注环境保护和经济发展之间的平衡，而财富水平作为一个内在的影响因素，在这一平衡中扮演着重要角色。因此，通过深入研究财富水平对绿色发展效率的影响，可以将财富水平纳入可持续发展理论的框架中，探讨它与其他因素的相互作用，从而丰富可持续发展理论的内涵，使其更具系统性和综合性，更重要的是为实现人类社会的长期可持续发展提供理论指导。

二 现实意义

（一）为政府和决策者制定环境政策提供科学支持

不同国家和地区的财富水平存在差异，因此在绿色发展过程中面临的挑战和机遇也不同。

首先，通过深入研究财富水平对绿色发展的影响机制，可以为政策制定者提供更准确的信息，帮助他们更好地理解不同财富水平背景下环境与经济之间的关系，在制定环境政策时更科学地权衡各种因素，从而更有针对性地调整环境政策，或制定出更具实效性和可持续性的政策措施。

其次，深入研究财富水平对绿色发展的影响，可以优化资源配置，实现环境保护和经济增长的双赢局面。在资源有限的情况下，如何高效地配置资源，实现经济的可持续增长和环境的有效保护，是一个重要的问题。财富水平影响着国家在环保领域的投资和资源分配，深入了解其对绿色发展效率的影响，可以为政府提供合理的资源配置建议，帮助其在实现经济增长的同时，最大限度地减轻环境压力，实现环境保护和经济发展的双重目标。

最后，这项研究还能够为不同国家和地区提供借鉴经验。通过比较不同财富水平国家在绿色发展方面的经验和做法，可以为其他国家提供参考和启示。特别是那些财富水平较低的国家，可以从财富水平较高的国家学习有效的绿色发展策略和经验，加快绿色转型步伐，实现可持续发展目标。

（二）在国际合作和全球绿色转型方面具有重要的指导作用

首先，可以为国际合作提供科学依据，不同国家的财富水平影响着它们在绿色发展方面的能力和资源投入，因此在环境保护和绿色转型的过程中面临着不同的挑战和机遇。深入研究财富水平对绿色发展效率的影响，可以为各国政府和国际组织提供更准确的信息，帮助它们了解不同国家的绿色发展需求和优先领域，从而更有针对性地推动国际合作，实现合作共赢的局面。

其次，可以促进知识和经验的共享。绿色发展的实践经验在各国之间存在差异，而深入研究财富水平对绿色发展效率的影响，可以提炼出不同国家在环保领域的创新和成功做法。这将为国际社会提供更多学习和借鉴的机会，促进各国之间的经验交流，加速绿色技术和方法的传播，为全球范围内的绿色转型提供有益的经验教训。

最后，可以共同推动全球绿色转型的进程，实现全人类的共同可持续发展目标。在全球范围内推动绿色转型是一项艰巨的任务，需要各国通力合作，共同努力。通过深入研究财富水平对绿色发展的影响，可以帮助各国更好地理解彼此的情况和需求，加强合作意愿，共同制定并实施绿色发展战略，推动全球范围内的绿色转型，最终实现全人类的共同可持续发展目标。

第三节　文献综述

一　国家和地区财富对绿色经济发展影响的相关研究

张德涛和张景静（2023）在中国 2006～2019 年的城市数据基础上，研究了财富指数与绿色发展效率的关系，发现财富水平提高有助于推动绿色发展。然而，这种财富驱动的绿色发展效应主要存在于较富裕地区。而在以污染行业或资源产业为主导的地区，财富的污染属性对绿色发展产生了负面影响。研究还表明，政府设定明确的绿色发展目标有助于增强财富对绿色发展的推动作用。高财富水平创造了公众偏好和技术创新的条件，从而促进了绿色发展。任保平和李梦欣（2022）研究了人力财富对中国经济高质量发展的影响。他们发现，人力财富通过不同途径推动了创新、协调、绿色和共享发展，包括积累效应、结构效应、生产力效应和配置效应。通过知识积累和技术进步，人力财富促进了产业结构升级和协同发展，改善了收入分配。李江龙和徐斌（2018）以地级市数据为基础，研究了资源丰裕对绿色经济增长的影响，并讨论了其影响机制和传导途径。研究发现，资源丰裕可能对绿色经济增长造成"诅咒"，主要原因是经济分工、锁定效应和路径依赖，以及资源环境效率提升动力不足，导致资源丰裕城市在绿色经济增长方面逐渐出现劣势。董直庆和王辉（2021）利用 2004~2016 年中国 268 个地级市的面板数据，从经济、社会和生态维度构建了综合的财富指标，研究了城市财富对绿色技术选择的效应和机制。研究发现，城市财富会影响技术选择，存在绿色技术的自我选择效应，并呈现自我强化的特点；城市财富的绿色技术选择受到财富性质、来源方式和获取难度的影响；城市财富的绿色技术选择取决于自我筛选和外在约束的双重机制，财富促使技术向绿色方向演进，同时外在约束也会改变财富的选择性偏好。周清香和李娟娟（2023）利用长江经济带 108 个城市 2004~2019 年的面板数据，实证研究了经济集聚对绿色发展效率的影响和作用机制。研究发现，经济集聚可以显著促进长江经济带绿色发展效率的提升，且呈现区域差异，长江上游和下游地区的经济集聚对绿色发展效率有明显的正向推动效应。在机制方面，经济集聚通过技术创新、人力资本和环境规制等途径促进了长江经济带绿色发展效率的提升。

二 环境库兹涅茨曲线（EKC）的相关研究

王树文和王京诚（2022）采用环境库兹涅茨曲线，分析了中国 30 个省份 2005~2019 年面板数据，研究了城市生活垃圾与经济增长的关系。研究发现，整体上，中国城市生活垃圾与经济增长呈倒"S"形关系，像北京、上海这样经济发达的沿海地区，城市生活垃圾未来可能随经济增长而减少；而内陆地区除甘肃外，城市生活垃圾可能随经济增长而增多。为促进环境保护与经济增长的协调发展，政府应加大对绿色技术创新的支持。佘群芝和王文娟（2012）从内生增长的角度出发，分析了倒"U"形环境库兹涅茨曲线的形成原因，发现减污技术进步速度快、人力资本开发效率高以及消费者更关注未来效用都会促进稳态经济增长率提高，同时也会加速环境质量改善速度。王芳等（2019）认为政府对环境问题的重视能够显著提高其环境保护意愿。基于地级市面板数据，他们发现环境监察会显著提高地方政府环境保护支出的数量和比例。该文献对经典环境库兹涅茨曲线假设的反思为我国环境治理和生态文明建设提供了理论支持。陆旸和郭路（2008）运用新古典增长理论，分析环境支出与环境污染的最优增长路径。研究得出结论：在新古典增长框架下，随着产出增加，污染呈现先上升后下降的趋势；提高中国的整体环境规制水平和加强企业环境监管都有助于提高整体污染治理效果。何立华和金江（2010）考虑了非可再生自然资源的约束条件，将环境质量作为生产要素的一部分引入最优增长理论。他们探讨了在环境污染和自然资源双重约束下的长期经济增长问题。研究发现，解决环境问题需要促进技术进步的创新研发，政府可以通过财政政策和法治工作安排激励私人投资者积极进行新技术研发。李时兴（2012）在考虑清洁商品和肮脏商品的偏好选择下，构建了包含污染消减技术和一般技术的静态模型，研究了各类环境库兹涅茨曲线（EKC）的形成条件。研究结果表明，倒"U"形EKC的实现受偏好对收入边际效应和污染消减效率的相对大小影响。环境投资不仅影响EKC的形状，还影响污染消减技术的环境效应；技术进步能有效抑制污染排放，但其环境效应受收入水平影响。

三 绿色技术创新对经济发展影响的相关研究

陈喆和郑江淮（2022）从绿色创新角度深入研究了绿色技术创新对

地区经济高质量发展的具体影响和环境政策选择,并以 1997～2016 年省际面板数据对理论模型进行了实证检验。研究发现,中国的绿色技术创新水平显著提高,且在不同地区存在明显差异;绿色技术创新通过释放节能减排效应、促进产业结构清洁化以及引导市场需求,显著推动了地区经济的高质量发展。原毅军和陈喆(2019)依据环境规制、绿色技术创新和中国制造业转型升级的机制,采用 GMM 估计法检验了环境规制对绿色技术创新以及绿色技术创新对制造业转型升级的影响。结果显示,严格的环境规制会促使企业进行绿色技术创新,而绿色技术创新与制造业转型升级呈现 "U" 形关系。齐绍洲等(2018)利用我国沪深股市 1990～2010 年上市公司绿色专利数据,采用三重差分方法研究发现,排污权交易试点政策相对于非试点地区和清洁行业,诱发了试点地区污染行业企业的绿色创新。郭进(2019)基于省际面板数据,考察了环境规制与绿色技术创新的关系,结果发现,相对于环境行政处罚和地方性法规,收缴排污费和增加环境保护财政支出更有效,促使企业提高研发强度,进而推动绿色技术创新,而且两者对绿色技术创新的促进效应逐渐增强。他建议,为加强环境治理和促进绿色技术创新,需要建立市场化环境规制体系,重视环境规制顶层设计的实施,并适度加大环境规制力度。徐佳和崔静波(2020)利用中国沪深股市 2005～2015 年 A 股上市公司的绿色专利申请数据,采用双重差分模型进行多维度实证检验,研究显示低碳城市试点政策在一定程度上能够促使企业整体层面的绿色技术创新。

四 绿色发展财政政策的相关研究

崔惠玉(2022)从共同富裕角度出发,系统梳理了生态补偿制度的理论逻辑,并提出建立以可持续发展为目标的生态补偿财政政策。她主张坚持人本主义理念,完善纵向生态补偿制度,引入横向生态补偿引导机制，建构多元化的生态补偿机制，以政府为主导，实现效率与公平的有机融合。石英华和刘帅（2022）指出，在财政资金短缺、绿色金融发展不足以及绿色产业政策有效性不足等多重问题的影响下，面对需求减少、供应冲击和预期疲软等三重压力，有必要进一步优化绿色金融政策，持续完善绿色财税政策，强化绿色治理能力。他们认为应充分释放绿色投资政策在经济绿色复苏方面的潜力，为我国经济高质量发展提供有力支持。许文（2023）认为，在推动绿色发展方面，应持续坚持系统观念，统筹降低碳排放、减少污染、扩大绿地覆盖和实现经济增长。该学者主张在税收政策设计上加强顶层规划，强化税收政策内部与其他政策的协调，以及完善和优化各项绿色税收政策，通过税收政策的协同增效，更好地推动绿色发展。郜进兴（2023）总结了过去十年财政支持绿色低碳发展的经验，得出以下启示：应采取多种措施，不断完善多元化的财政支出方式；应坚持系统思维，充分利用多种政策工具的组合效应；应凝聚各方力量，充分发挥地方和社会的积极性；应不断进行改革创新，特别是在关键领域完善制度和机制。张晓娇和周志太（2017）提出了构建绿色财政体系的重要内容，包括建立绿色收入体系和绿色支出体系，以强化两者之间的有力互动为核心，并将全面科学的财政监督作为最终保障。在这一体系中，特别需要强调加强绿色收入与绿色支出之间的相互补充，以提高财政资金的使用效益，从而为绿色产业的发展提供有力支持。卢洪友等（2016）利用中国 1978~2014 年的宏观经济数据，对财政支出的周期性特征和宏观经济效应进行了实证分析。研究结果显示，开征环境税可以减少二氧化碳的存量；积极的财政支出政策也会导致二氧化碳存量的下降。因此，他们提出了"尽快开征环境税，并在'十三五'甚至更长时期内逐渐绿化财政体制"的政策建议。

综上所述，在国家和地区财富、环境库兹涅茨曲线、绿色技术创新以及绿色发展财政政策等方面的研究中，存在着复杂而多维的相互关系。首先，国家和地区的财富水平在绿色发展中扮演着关键的角色。高财富水平国家和地区往往能够在绿色经济领域投入更多资源，促进绿色技术的研发和采纳。其次，环境库兹涅茨曲线为我们提供了一个有益的理论框架，用于探讨经济增长与环境影响之间的关系。研究显示，国家在经济增长初期可能会出现环境质量下降的趋势，即所谓的"环境倒 U 形"曲线。然而，随着经济继续增长和财富水平的提高，环境状况可能开始逐渐改善，实现"环境正 U 形"的转变。这一理论提醒我们，在经济发展的过程中，绿色发展的优先性可能会受到挑战，但随着社会财富水平的提高，环境问题也将逐渐得到更好的解决。再次，绿色技术创新在绿色发展效率中发挥了重要作用。绿色技术创新的推动有助于提高生产效率、减少资源浪费，并减轻对环境的负担，能够加速其绿色发展进程。最后，绿色发展财政政策在促进绿色发展方面也起着重要作用，环保税收、绿色补贴、碳排放市场等财政政策会促进绿色产业经济增长。然而，政策制定者也需要平衡经济增长与环境保护的需求，确保在追求经济繁荣的同时，不能忽视环境的可持续性。这些研究为我们深刻理解财富水平如何影响绿色发展效率提供了洞见，强调了在经济增长和环境保护之间取得平衡以实现可持续发展的重要性，这些发现为未来的政策制定和实践提供了有价值的指导。

第四节　主要研究内容

本书共分为七章，各章的主要研究内容如下。

第一章为绪论。首先，分析了本书的研究背景，提出了本书研究的理论意义和现实意义。其次，梳理了国内外与本书相关的研究文献。最后，概括了本书的主要研究内容。

第二章为概念界定与理论基础。首先，对与本书相关的概念进行了界定，具体包括财富、财富水平、绿色发展、绿色发展效率。然后，对财富水平相关理论、绿色发展相关理论、财富水平对绿色发展影响的相关理论等进行了梳理和总结，为本书后续研究奠定了基础。

第三章为财富水平影响绿色发展效率的理论分析。首先，分析了财富的基本功能，包括经济功能、社会功能、个人功能、环境功能等。其次，分析了财富水平的绿色需求效应，包括财富水平对绿色需求的驱动作用、财富水平与消费观念的转变、财富水平对绿色产业的影响、财富水平与政策支持的相互作用、财富水平的限制和挑战。再次，分析了财富水平的资金创设效应。财富水平的资金创设效应是指财富的积累和投资对经济和社会产生的多方面影响。当个人和企业通过积累财富并进行投资时，这些资金的创设将对经济增长、创业和创新、就业机会和收入增长、社会福利和可持续发展、资本市场和金融体系的发展产生重要影响。最后，研究了财富水平对绿色发展效率的影响机制。其影响机制主要包括以下几个方面：绿色技术投入、环境保护投入、教育和意识提升、制度与政策、绿色投资意愿。

第四章为中国区域间财富水平的测度及时空演变特征。首先，分析了财富水平测度方法。其次，参照现有文献，构建了区域财富水平衡量指标体系，选取了中国30个省份2004~2021年的面板经济数据作为样本进行实证检验。本书将样本数据中30个省份按照国家统计局所公布的四大经济区域划分为东北地区、东部地区、中部地区以及西部地区，分别对以上四个地区省级层面的财富水平进行了测算。最后，根据实证结果分析了中国区域间财富水平的时序演变特征和中国区域间财富水平的空间演变特征。

第五章为中国区域间绿色发展效率的测算及时空演变特征。首先，梳理了中国绿色发展进程，分析了中国绿色发展面临的困难及挑战。其次，采取DEA-SBM模型和GML指数分解模型，选取30个省份2004~2021年的投入和产出数据来测算绿色发展效率。从宏观角度来分析，2004~2021年中国省际绿色发展效率平均值为0.613，尚未达到生产前沿水平，仍有约40%的进步空间。从中观角度来分析，我国的绿色发展效率呈现"东部地区>东北地区>中部地区>西部地区"的态势,且东部地区的绿色发展效率远高于中部地区和西部地区。从微观角度来分析,我国的省际绿色发展效率并不均衡。最后,研究了中国区域间绿色发展效率的时空演变特征。从结果可以看出,我国绿色发展效率总体上呈现"高-低-高"的发展态势,即"U"形发展态势。这在一定程度上与"环境库兹涅茨曲线"相契合,即前期粗放式的经济发展模式,导致整体的绿色发展效率处于下降的态势,随着人们生态环境保护意识的增强和经济发展模式的及时调整,绿色发展效率也由下降转为上升趋势。

第六章为财富水平影响区域绿色发展效率的实证检验。首先,进行了模型设定、变量选取与数据来源介绍。然后,进行了模型检验、稳健性检验与异质性检验。从分析结果可知,除中部地区之外的三大经济区域的财富水平与绿色发展效率之间均存在着先抑制后促进的"U"形关系。具体到四大经济区域来说,各区域财富水平的系数也有所差异。西部地区财富水平二次项的系数最大,达到了 6.311,且在 1% 的水平下显著;东北地区次之;东部地区二次项的系数也达到了 2.120,且在 10% 的水平下显著。

第七章为提高财富水平,提升绿色发展效率的对策建议。提升我国财富水平是一个综合性的任务,需要国家、社会和企业共同努力。本章从国家层面、社会层面、企业层面分别给出了相关的建议,以期增强我国财富水平对绿色发展效率的推动作用。

| 第二章 |

概念界定与理论基础

第一节　相关概念界定

一　财富

财富是一个多维度的概念，通常用来描述个人、家庭、社会或国家拥有的可量化的物质和非物质资源的总体价值。它不仅仅涉及金钱和物质财产，还包括知识、技能、社会关系、健康和幸福等非物质方面。在全球经济和社会体系中，财富是一个重要的概念，对于个体和社会的发展起着关键作用。为了更好地理解财富的概念，可以从以下几个维度来界定财富。

（一）物质财富

物质财富是财富概念中的一个重要组成部分，指的是个人、家庭、社会或国家所拥有的具体、有形的财产和资源。这些财产和资源可以是金钱、不动产（如房产和土地）、股票、债券、汽车、珠宝等。物质财富的重要性在于它们可以被用于满足个体的各种需求和欲望。例如，金钱可以用于购买商品和服务，房产可以提供住所，汽车可以作为交通工具，股票和债券可以用于投资增值。物质财富的数量和质量直接影响个体或社会的经济状况和生活水平。拥有更多和更有价值的物质财富通常意味着更高的经济安全性、更强的消费能力和更高的社会地位。然而，物质财富并非衡量个体或社会幸福感和满足感的唯一标准。除了物质财富外，人们的健康、受教育水平、社会关系和心理幸福等非物质因素也同样重要。

（二）人力资本

人力资本是财富概念中的一个重要方面，指的是个体或群体所拥有的知识、技能和受教育水平。它是个体通过教育、培训和工作经验所积累的资源，能够为其自身和社会创造价值。人力资本在现代经济中起着关键作用。拥有高水平的人力资本可以提高个体的生产力和创造力，从而增强其在就业市场上的竞争力，获得更好的就业机会和更多的收入。同时，人力资本也对企业和国家的发展产生积极影响，能够推动经济增长和社会进步。人力资本包括多方面，如专业知识与技能、沟通能力、领导才能等。它可以通过教育体系的学习、培训机构的训练以及工作经验的积累不断提高。投资于人力资本的重要性日益凸显。国家和企业越发重视教育、培训和职业发展，以提高整体人力资本水平。在知识经济时代，拥有高素质的劳动力是保持竞争力和创新能力的关键要素。总体而言，人力资本是财富概念中一个不可忽视的组成部分，它不仅影响个体的经济状况和职业发展，还关系到整个社会进步和国家的经济增长。因此，提高人力资本水平、培育高素质的劳动力，是实现经济全面可持续发展的重要途径之一。

（三）社会关系

社会关系是财富概念中的另一个重要方面，指的是个体在社会网络中的地位、角色和互动。它反映了个体与其他人、组织或社群之间的联系和互动方式。社会关系是社会结构的基本组成部分，它可以是家庭内的亲属关系、朋友之间的友情、同事间的合作，也可以是社区内的群体互动。良好的社会关系对个体的福祉和幸福感有着积极影响。稳固、亲密的社会关系可以提供情感支持和物质支持，帮助人们在困难时期获得支援和鼓励。社会关系还为个体提供了社会认同感和归属感，增强了个体的社会互动能力和适应性。此外，社会关系也对经济活动和社会发展产生影响。在商业领域，建立良好的社会关系有助于扩大业务、获得合作机会和获取信息资源。在社区层面，积极的社会关系有助于增进社区凝聚力、解决共同问题和推动社会和谐。社会关系可以通过多种途径建立和维护，如社交活动、志愿服务、工作场所互动等。在现代社会中，随着社交网络和互联网的发展，虚拟社会关系也日益重要，人们可以通过在线平台建立和维护社交网络。

（四）健康和福祉

健康和福祉是财富概念中不可或缺的重要维度，涉及个体或群体的身体和心理状况以及生活满意度。这两个概念对于个体和社会的发展至关重要。健康是指个体身体和心理状况的良好状态。身体健康包括体能、器官功能和免疫系统的正常运作，而心理健康则包括个体心理状态的稳定和积极。健康是一个多方面的概念，不仅包括不患疾病，还包括拥有良好的生活方式、饮食习惯和充足的休息。福祉是指个体或社会的生活满意度和幸福感。福祉是一个更加主观的概念，它与个体的感受和心理体验密切相关。福祉不仅仅是物质上的满足，还包括个体对于生活的满意度、自我实现和社会认同感。健康和福祉相辅相成、互相影响。良好的健康状态有助于提升个体的幸福感和生活质量。相应地，积极的心态和高福祉水平也有助于增强个体的免疫系统和身体健康。健康和福祉的共同促进对于个体的全面发展和社会的持续稳定至关重要。对于社会而言，关注健康和福祉也是一个重要的政策方向。通过提供优质的医疗保健和心理健康服务，社会可以提高整体的健康水平。因此，社会应该重视福祉的提升，通过推动教育、文化、娱乐和社会支持等措施，提升人们的幸福感和生活满意度。总结来说，健康和福祉是财富概念中至关重要的维度，涉及个体身体和心理状况以及生活满意度。注重提升健康水平和增进福祉，有助于实现个体和社会的全面发展和持续幸福。

此外，财富的概念不仅是一种个体层面的观念，也涵盖整个社会和国家的繁荣与福祉。因此，在更宏观的层面上，我们可以把财富界定为国民财富和社会资本。国民财富是一个国家的所有居民拥有的物质和非物质资源的总和。它包括国内生产总值（GDP）、人均收入、资本投资、自然资源、人力资本等。国民财富是衡量一个国家经济繁荣程度的重要指标，反映了国家的生产力水平和经济增长趋势。社会资本是指社会结构和社会组织形成的一种资源，包括社会网络、社会信任、社会团结和社会参与等。较高水平的社会资本可以促进社会合作和公共利益的实现。社会资本有助于增强社会的凝聚力和稳定性，促进国家的和谐发展。国家层面的财富概念对于国家的经济和社会政策制定具有重要指导意义。政府可以通过制定积极的经济政策，促进国民财富的增长和分配，提高人民的生活水平。同时，政府也应该重视社会资本的培育，鼓励社会参与和培养公民意识，增强社会凝聚力和稳定性。

总体而言，财富的概念界定是一个涵盖多方面的复杂过程，不仅包括物质财富，还包括人力资本、社会关系、健康和福祉等非物质因素。财富不仅仅关乎个人和家庭，也涵盖整个社会和国家的繁荣与福祉。了解和综合考虑财富的多个维度，有助于制定更全面和可持续的经济和社会发展策略。

二　财富水平

财富水平是一个用来衡量个人、家庭、社会或国家财务状况的概念。

它是指一个实体的资产、负债、支出等方面的总体状况。财富水平的概念界定涉及对个体或集体的经济状况进行量化和评估，以了解其经济健康程度、生活水平以及财务稳定性。在财富水平的概念界定中，主要包括以下几个方面。

（一）资产

资产是财富概念中的一个重要组成部分，指的是个人、家庭、企业或国家拥有的具有经济价值的资源和财产。资产可以是有形的，如现金、房产、车辆、珠宝等，也可以是无形的，如股票、债券、知识产权等。它们可以用于满足需求、增值或产生收益。

资产在经济中扮演着至关重要的角色。资产具有经济价值，是可以用货币来衡量的。它们可以被买卖、交易或用作交换，对于个体或企业来说都是有价值的，拥有资产意味着拥有对它们的所有权。在个体层面，所有权使个体或企业有权决定如何使用、出售或转让资产，从而在经济活动中发挥作用。资产具有多样性，可以包括金钱、不动产、证券、自然资源、知识和技能等。多样化的资产组合可以降低财务风险，增加财务安全性，某些资产在持有期间可能会增值，如房产和股票；其他资产可能会产生收益，如利息、租金、股息等。资产管理是个体和企业经济决策的重要部分。通过合理的资产配置和投资，个体可以实现财务增值和风险分散。企业则可以通过优化资产结构和有效利用资产，提高企业价值和竞争力。在国家层面，资产是一个国家拥有的物质和非物质财产，包括国有企业、自然资源、土地、文化遗产等。国家资产的管理和利用直接关系到国家的财务状况和经济发展。优化国家资产配置和利用，有助于促进国家经济的繁荣和可持续发展。

（二）负债

负债指的是个人、家庭、企业或国家所欠他人的债务或借款。它代表了一个实体对外部机构或个人的经济义务和责任，需要在未来的一定时间内还款或履行相关义务。负债可以是长期负债，如房屋按揭贷款、企业债券等，需要在相对较长的时间内偿还；也可以是短期负债，如信用卡欠款、短期贷款等，需要在较短的时间内偿还。负债涉及两个主要角色，即债权人和债务人。债权人是出借资金或提供服务的一方，债务人是借入资金或接受服务的一方。债务人需要向债权人支付本金和利息。负债往往需要支付利息作为借款的成本，利息是债权人对于提供资金或服务的回报。负债代表了债务人的经济责任和风险。未来的偿还能力受到债务人经济状况的影响，如果无法按时偿还，可能面临违约和信用风险。在计算净资产时，负债会被扣除。净资产等于总资产减去总负债，反映了个体或企业的真实财务状况。

负债对于经济主体的财务状况和经济决策具有重要影响。合理的负债规划和管理可以帮助个体和企业实现资金的融通和运营资本的灵活运用。但是，过度负债可能导致财务风险和支付能力问题，因此需要谨慎借贷和合理分配负债。在国家层面，债务是一个国家所欠国外或国内的债务。国家债务的增加可能意味着国家需要支付更多的利息，增加财政压力。因此，国家也需要谨慎管理和控制债务，避免陷入过度负债的局面。

（三）支出

支出是财富概念中的一个重要组成部分，指的是个人、家庭、企业或国家在一定时期内花费的金钱或实物资源。支出是一个涵盖范围较广的概念，包括个人日常生活开销、企业的经营费用、国家的财政开支等。它涉及个体或实体在经济活动中用于购买商品、支付服务、投资或其他用途的资金或资源。支出在经济中具有以下主要特点。一是支出是多样化的，其分类包括个人的日常消费、家庭的开支、企业的生产成本、国家的公共支出等。不同类型的支出在经济活动中发挥不同的作用。二是支出可以分为生产性支出和消费性支出。生产性支出是企业为了生产和经营需要购买原材料、设备和劳动力等的支出，用以提供产品和服务。消费性支出是个人和家庭用于购买日常消费品和服务的支出。三是支出中的一部分可能是用于投资。投资是指为了未来获得回报而购买资产或进行项目投资的行为，如购买股票、房产或开发新的商业项目等。

支出是经济活动中不可或缺的一环，它对经济的运转和发展具有重要影响。个人和家庭的消费性支出对于拉动内需和促进经济增长至关重要。企业的生产性支出是保持生产活动的必要条件，有助于推动经济发展。国家的公共支出包括教育、卫生、基础设施建设等，直接关系到国家的发展和民生福祉。合理的支出管理对于个人、企业和国家来说都非常重要。个人需要合理规划消费，避免过度消费和负债；企业需要优化成本结构，合理分配资源；国家需要制定科学合理的财政预算，确保资源的有效利用和公共利益的实现。

（四）财富水平的测量和评估

财富水平的测量和评估是为了全面了解个人、家庭、企业或国家的经济状况和财务健康程度。测量和评估财富水平需要考虑多个因素和指标，有以下一些常用的方式。第一，资产净值，它等于个体的总资产减去总负债。资产净值是衡量个人或家庭财富水平的常用指标，它反映了个体的财务状况和财富积累程度。第二，收入水平，即个体在一定时期内的总收入。较高的收入水平通常意味着较高的生活质量和较强的消费能力。第三，生活水平，用于衡量个人或社会经济福利的指标，包括居住条件、受教育水平、医疗保障、社会安全等，更高的生活水平通常意味着更好的财务状况和更高的生活质量。第四，Gini 系数，用于衡量财富分配不均衡程度的指标。当 Gini 系数接近 0 时，意味着财富分配更加均衡；而当 Gini 系数接近 1 时，意味着财富分配不均衡。

财富水平的概念界定是一个相对的过程，因为不同的社会和文化背景下，人们对于财富水平的期望和评价标准会有所不同。在发展中国家，可能更关注基本生活需求的满足和减少贫困；而在发达国家，可能更注重追求生活质量的提升和个人财富的增长。总体而言，财富水平的概念界定涵盖了多个维度，包括资产、负债、支出等方面。通过对这些要素的科学评估和综合分析，可以更全面地了解个体或集体的经济状况和财务健康程度。

三　绿色发展

绿色发展是一个综合性的概念，旨在在经济增长和社会进步的同时保护环境和提升生态品质。同时，它强调了经济、社会和环境之间的平衡与协调，旨在实现可持续发展的目标。绿色发展的概念界定主要包括以下几个方面。

（一）可持续性

可持续性是一个广泛应用于环境、经济和社会等领域的概念，强调在满足当代人需求的同时，又不损害未来世代满足其需求的能力。可持续性的核心理念是实现资源的合理利用、环境的保护与修复、社会的公平与包容，以确保人类和生态系统的长期福祉和发展。

在不同领域，可持续性的概念有着一些不同的特点。环境可持续性强调保护自然资源和生态系统，确保生态环境的稳定和可持续发展。这包括降低环境污染、保护生物多样性、推动可再生能源的利用、采用循环经济模式等措施。经济可持续性强调实现经济增长与资源利用的平衡，避免经济活动对环境和社会的负面影响。它推动绿色产业和可持续发展的商业模式，降低生产过程中的资源消耗和污染排放。社会可持续性关注社会公平和社会福利的提升。它强调减少贫困和不平等，确保每个人都能享有基本的权利和机会，推动包容性的社会发展。能源可持续性是指确保能源的可持续供应和利用，降低对有限资源的依赖，提高能源的效率和环保性。水资源可持续性关注水资源的合理管理和利用，确保水资源的可持续供应和保护水环境。

可持续性的实现需要各个领域的共同努力和全球合作，政府、企业和个人都扮演着重要角色。政府需要制定和执行相应的法律法规和政策，鼓励和支持可持续发展。企业需要采用绿色生产方式，推动绿色技术的应用，降低环境污染风险。个人可以通过节约能源、减少浪费和支持环保措施来参与可持续发展。总的来说，可持续性是一个综合性的概念，涵盖环境、经济和社会等多个方面。它强调在满足当前需求的同时，保护和提升未来世代的发展能力，确保人类和自然生态系统的长期繁荣与共存。

（二）环境保护

环境保护是指为了保护自然环境和生态系统，减少对自然资源的过度消耗和破坏，以及减少人类活动对环境的不良影响而采取的各种措施和行动。环境保护是可持续发展的重要组成部分，旨在确保地球的生态平衡和人类的健康与福祉。首先，污染是环境保护的重要问题之一。污染包括大气污染、水污染、土壤污染等。为减少污染，需要制定和执行环保法律法规，推动绿色技术的应用，促进清洁生产和创新循环经济模式，以减少或消除有害物质的排放。其次，生物多样性是地球生态系统的重要组成部分。为了保护生物多样性，需要建立自然保护区、野生动植物保护区等，保护珍稀濒危物种的栖息地，禁止非法猎捕和非法贸易。可持续能源是环境保护的关键策略之一。通过推动可再生能源如太阳能、风能、水能等的利用，减少对化石燃料的依赖，降低温室气体排放和气候变化的风险。资源节约是环境保护的重要举措。鼓励节约能源，推广可回收再利用材料，减少浪费和过度消费。

环境保护是一个持续不断的工作，需要政府、企业和个人共同参与。政府需要制定和执行环保政策，监督环保行为。企业需要采取绿色生产方式，推动绿色技术的应用。个人可以通过节约资源、减少浪费和参与环保活动来支持环境保护。总的来说，环境保护是为了保护自然环境和生态系统、减少污染和资源浪费、实现可持续发展的重要措施。通过环境保护，可以确保地球的生态平衡和人类的健康与福祉。

（三）经济增长

经济增长是一个国家或地区经济总体规模扩大的过程。它通常以国内生产总值（GDP）或国民生产总值（GNP）的增长率来衡量。经济增长是一个重要的宏观经济指标，反映了一个国家或地区经济活动的总体表现和经济状况的变化。经济增长是现代社会发展的主要目标之一，因为它对于社会的稳定和繁荣具有重要意义。经济增长可以带来多方面的好处。

首先，经济增长是指国家或地区的总产出增加，通常意味着生产和提供更多的商品和服务。这将促进产业的发展，增加就业机会，带动劳动力就业。较低的失业率有助于提高人们的生活水平和缓和社会紧张局势。

其次，经济增长通常伴随着人们收入的增加。随着收入的提高，人们的生活水平也会有所提高。他们能够购买更多的商品和享受更多的服务，改善生活质量。此外，收入的增加还可以提高人们的消费能力和储蓄水平，有利于家庭和个人资产的稳健发展。

最后，经济增长可以增加政府的税收收入。随着经济规模的扩大，更多的企业和个人将纳税，从而增加政府的财政收入。这些额外的税收收入可以用于投资公共设施、增加社会福利和建设基础设施，从而改善公共服务。

然而，经济增长也可能伴随着一些负面影响。一方面，过度的经济增长可能导致资源的过度消耗和环境的压力加大。过度的工业化和生产可能导致资源短缺和环境污染，对生态系统造成破坏。另一方面，经济增长并不保证收入分配的公平。在一些情况下，经济增长可能导致收入的不均衡，造成社会的不稳定。

为了实现可持续发展，经济增长应该是合理、稳健和可持续的。政府需要采取措施监管和引导经济增长，确保经济增长的可持续性和社会的公平与包容。在经济增长的过程中，需要平衡经济发展和资源保护，推动绿色技术和可持续发展的实践，以确保经济增长不以牺牲环境为代价。

（四）社会公平

社会公平是社会发展的重要目标之一，强调在社会中每个人都能在平等的条件下获得公正的机会和资源，无论其出身、种族、性别、年龄、财富等背景如何。它是实现社会正义和社会稳定的重要前提，追求社会中个体和群体的平等与公正，消除社会中的不平等现象，确保每个人都能享有基本权利，有平等参与社会生活和发展的机会。

在一个公平的社会中，教育、就业、经济、社会保障等方面都应该实现公平。

首先，教育公平意味着每个人都有平等接受教育的权利和机会，无论其家庭背景如何。社会应该提供高质量的教育资源，确保每个人都能够接受基本教育和享受良好的教育资源，无论其出身和背景如何。同时，社会还应该鼓励和支持优秀学生的发展，激励其充分发挥潜力。

其次，就业公平追求在就业和职业发展中消除歧视，确保每个人都有平等的工作机会，受到公平的对待。这包括消除性别歧视、年龄歧视和其他形式的歧视，确保所有人都能够根据自己的能力和素质获得工作和晋升的机会。

再次，社会还应该提供多样化的就业选择和培训机会，让每个人都能发挥自己的优势，实现自身的价值。经济公平强调财富和资源的公平分配，消除贫富差距。这包括通过税收政策和社会福利措施来支持弱势群体，减少社会不平等。

最后，社会还应该鼓励和支持创业，为就业创造机会，促进经济包容性。社会保障是社会公平的重要组成部分。应该建立健全社会保障体系，确保每个人在面对意外和困难时都能得到支持和保障。这包括医疗保障、养老保险、失业保险等，以保障个人和家庭的基本生活需要。

总的来说，绿色发展是一个综合性的概念，强调经济、社会和环境的协调发展。它旨在实现可持续发展的目标，保护环境，提升生态品质，同时促进经济增长和社会公平。绿色发展的实现需要政府、企业和个人共同努力，通过科技创新、政策支持和国际合作等手段，共同推动可持续发展的进程。

四 绿色发展效率

绿色发展效率是指在经济发展过程中，实现经济增长和社会发展的同时，最大限度地减少资源消耗和环境污染，以及降低碳排放，使得经济增长与环境保护相协调，达到可持续发展的目标。它强调在追求经济繁荣的同时，不损害自然资源和生态环境，减少对环境的负面影响，确保未来世代的发展需求得到满足。绿色发展效率可以从多个层面进行界定。

（一）资源效率

首先，资源效率包括两个方面：生产资源效率和消费资源效率。在生产资源效率方面，它强调在生产过程中减少资源的使用和损耗，提高资源利用效率。这可以通过技术进步、工艺优化、能源节约和废物减排等措施来实现。例如，采用先进的生产技术和设备，优化生产流程，提高能源利用效率，减少原材料的消耗和废物的产生，从而实现生产资源的高效利用。在消费资源效率方面，它着重于改变人们的生活方式和消费习惯，减少资源的浪费。这需要加强公众的资源节约意识，鼓励绿色消费和循环经济。例如，通过推广节能环保的产品和服务，鼓励使用可再生能源，减少一次性产品的使用，提倡二手交易和回收利用，以延长产品寿命，减少资源的消耗。

其次，资源效率与经济发展密切相关。过去，人们普遍认为经济增长与资源消耗之间是正相关的，即经济发展需要大量的资源投入，而资源开发和利用又会刺激经济增长。然而，随着科技进步和环保意识的提高，用于显示消耗单位资源所产生有益效果相对数量的指标——资源效率被证明是可持续发展的关键。资源效率的提高不仅可以减少资源的浪费，还能提高生产效率，降低生产成本，增强企业的竞争力。在全球资源日益紧张的情况下，提高资源效率已经成为推动经济可持续发展的必然选择。此外，政府在资源效率的提高过程中起着重要作用。政府可以通过制定和执行相关政策和法规来促进资源效率的提升。例如，制定环保法律，设立资源税收，提供经济奖励和补贴，鼓励企业和公众采取节能环保措施。同时，政府还可以加强科研和技术创新，推动资源效率的提高。

最后，提高资源效率是一项全社会共同参与的事业。企业、公众和社会组织都应该积极参与，发挥各自的作用。企业要加强资源管理，推动绿色生产，提高资源利用效率；公众要树立环保意识，改变不合理的消费习惯，推动绿色消费；社会组织要加强环保宣传和教育，提升公众对资源效率的认识和重视程度。

（二）环境效率

环境效率是指在资源利用和产出的过程中，实现尽可能少的资源浪费和环境影响，以达到最大限度的资源节约和生态平衡。环境效率是可持续发展的关键组成部分，旨在保护自然资源、降低污染和减缓气候变化等环境问题。在当前全球资源紧缺和环境问题日益严峻的情况下，环境效率显得尤为重要。有效地利用资源并减少浪费对于确保未来世代的可持续发展至关重要。环境效率主要通过以下几个方面来实现。

首先，环境效率与资源利用紧密相关。它要求在生产和消费的过程中尽量减少资源的使用，提高资源的利用效率。通过采用高效节能、资源循环利用等技术手段，可以降低对资源的依赖，减少资源短缺的风险。例如，推广可再生能源的使用，开发高效能源设备和技术，都有助于提高能源的利用效率。

其次，环境效率与生产过程的清洁化密不可分。传统生产方式往往伴随着大量废弃物的产生，对环境造成严重影响。环境效率要求企业和生产者在生产过程中减少废弃物的产生，采用低污染技术和清洁生产方法。通过推行绿色制造、减少生产过程中的有害物质使用等措施，可以最大限度地减轻环境负担。

再次，环境效率也涉及产品和服务的设计与消费。在产品设计阶段，考虑环境效率意味着要选择可持续材料、可再生性强和可回收的产品。这样的设计不仅能减少资源的消耗，还能延长产品的寿命，减少废弃物的产生。消费者也可以通过选择环保产品和绿色服务来支持环境效率的提高，从而影响市场需求，推动企业转向更加环保的经营模式。

最后，政策和法规的制定与实施对于环境效率至关重要。政府应该采取一系列政策措施，鼓励和支持环保技术创新，推动环保产业的发展，为环保企业提供优惠政策和税收激励，同时对污染行为实行严格的处罚和监管措施。这样的政策和法规可以在一定程度上引导市场和企业向环保方向转变，提高整个社会的环境效率。

（三）经济效率

经济效率是指在资源配置和生产过程中，实现最大化的产出和效益，以满足社会的需求和愿望，同时最大限度地减少资源浪费和成本，达到资源的最优利用和社会福利的最大化。在经济效率的实现中，主要涉及以下几个方面。

首先，资源配置的优化是经济效率的基础。资源是有限的，而社会的需求是无限的，如何合理配置有限的资源以满足无限的需求是经济效率的关键。经济效率要求资源配置能够尽量满足社会最紧迫的需求，实现资源的最优利用。这就需要市场机制发挥作用，通过供求关系的调节和价格信号的传递，引导资源自动流向效益最大化的领域和产业。

其次，生产过程的效率对经济效率至关重要。生产过程的效率直接影响着产品的质量和产量，以及生产成本的控制。经济效率要求企业采用先进的技术和管理手段，提高生产效率，降低单位产品的生产成本。通过优化生产过程，企业可以在保持产品质量的前提下，提高生产能力，增加产出，从而实现经济效率的最大化。

再次，市场竞争的推动是经济效率的重要动力。竞争可以促进企业不断提高效率，降低成本，创新产品和服务。在竞争激烈的市场环境下，企业被迫寻求更高效率的方式来生产和经营，以便在市场上取得竞争优势。竞争还能够促进资源的流动和配置，使得资源自动向效率更高的企业和产业倾斜。

最后，技术进步和创新是经济效率提升的重要因素。随着科技的不断进步，新的生产技术和管理方法不断涌现，可以帮助企业提高效率，降低成本。技术创新可以使得原本不可能实现的高效率目标成为可能，推动整个经济体系向更高效率的方向发展。

综上所述，经济效率是在资源有限的前提下，通过优化资源配置、提高生产过程的效率、推动市场竞争、促进技术进步和创新等多方面的努力，实现最大化产出和效益的目标。经济效率的提高不仅有利于企业和个人的发展，也有助于社会整体的繁荣和可持续发展。

第二节　理论基础

一　财富水平相关理论

财富水平是一个国家或地区的居民在一定时间内拥有的物质财富和经济资源的总量,通常用国民总收入、人均收入、人均 GDP 等指标来衡量。相关理论主要包括以下方面。

(一)经济增长理论

经济增长理论是经济学研究的核心问题之一,旨在解释和预测经济产出的增长和发展。该理论涵盖了不同的学派和观点,包括古典经济学理论、新古典经济学理论、凯恩斯主义经济学理论、内生增长理论等。以下将解释这几种重要的经济增长理论。

一是古典经济学理论。亚当·斯密是古典经济学的代表人物之一。他提出了劳动分工和市场机制的理论,认为劳动分工可以提高生产效率,市场机制能够自动调节供求关系。这种理论认为,通过市场的自由调节,经济资源将自动流向效益最大化的领域,从而实现经济增长。二是新古典经济学理论。新古典经济学主要关注生产要素(劳动和资本)的供给和需求,以及资源配置的效率。该理论强调市场竞争的作用,认为经济增长主要由技术进步和资本积累驱动。新古典经济学家将经济增长视为长期内生的过程,由资本的积累和技术进步所决定。三是凯恩斯主义经济学理论。约翰·梅纳德·凯恩斯的经济学理论强调需求的重要性。凯恩斯认为,市场可能出现失灵,导致产出和就业不足,因此政府应该通过财政和货币政策来干预经济,刺激需求,提高经济增长率。四是内生增长理论。内生增长理论强调技术进步和人力资本对经济增长的影响。该理论认为,技术进步不是外生的,而是由投资和研发推动的。同时,人力资本的提高也能促进经济增长。这些因素可以通过市场和政府的激励机制来实现。

综上所述，经济增长理论从不同角度解释了经济增长的原因和机制。这些理论不仅有助于我们理解经济增长的基本规律，还为制定经济政策提供了重要的理论支持。然而，不同的经济增长理论存在争议，实践中也需要综合考虑各种因素和具体情况，以实现经济的长期稳定增长。

（二）财富分配理论

财富分配理论是经济学和社会学领域的研究课题，旨在解释和探讨财富在社会中的产生、分配和再分配。不同的财富分配理论可以追溯到古代，但在现代经济学和社会学中，主要有以下几个理论框架。

一是边际生产力理论。边际生产力理论是由早期的经济学家亚当·斯密和大卫·李嘉图提出的。该理论认为财富的分配是由生产要素（劳动、土地和资本）的边际生产力所决定的。按照这个理论，个人在市场上所得到的收入，取决于他们为生产所做出的贡献，如努力工作或投入资本。因此，边际生产力理论主张自由市场经济，认为私有财产权和竞争可以实现资源的有效配置和财富的公平分配。二是马克思分配理论。马克思分配理论是在19世纪中叶由卡尔·马克思和弗里德里希·恩格斯提出的。马克思主义者认为资本主义社会中的财富分配不公平，财富和资源集中在少数富裕阶级手中，而劳动阶级则面临贫困和剥削。根据这一理论，生产资料应该社会化，财富应该公有化，以消除私人财产和阶级差异，实现真正的财富公平。三是福利经济学理论。福利经济学关注财富分配对社会福利的影响。其中，纳什均衡理论探讨了在一定条件下，个人通过追求自身利益，能够实现社会整体福利的最大化。福利经济学家还研究了在市场经济中如何通过税收和社会福利政策来实现财富再分配，以减少贫困和社会不平等。四是社会主义市场经济理论。在一些社会主义国家，特别是中国，提出了社会主义市场经济理论。这一理论认为在市场经济条件下，政府可以通过宏观调控和社会政策来实现财富的公平分配，通过税收和社会保障等手段，确保弱势群体获得基本保障，同时引导富裕阶层为社会公益事业做出更大贡献。

总的来说，财富分配理论是一个复杂而多样的研究领域，涵盖了多个学派和观点。各种理论都试图解决财富不平等、社会不公和经济不稳定等问题，以促进更加公平和可持续的社会经济发展。在实际应用中，政府、企业和社会各界可以结合不同理论和实践，采取综合措施，推动社会的和谐发展。

（三）货币与通货膨胀理论

货币与通货膨胀理论是宏观经济学的一个重要分支，研究货币供给、通货膨胀和物价水平之间的关系。通货膨胀是指一段时间内物价普遍上涨的现象，而货币是经济交换的媒介和价值尺度。货币供给与通货膨胀之间的关系一直是经济学家争论的焦点。以下是货币与通货膨胀理论的主要观点。

一是量值理论和费希尔方程。量值理论是早期的通货膨胀理论，主张通货膨胀是由货币供给的增加超过经济中商品和服务的增加所导致的。知名经济学家费希尔提出了著名的费希尔方程，将通货膨胀解释为货币供给增速与货币流通速度的乘积等于物价水平与经济产出之比。这一方程表明，如果货币供给增加速度大于经济产出增长速度，通货膨胀将会发生。二是麦克劳德-威廉姆斯理论。麦克劳德和威廉姆斯提出的理论认为，通货膨胀主要是由货币供给的增加引起的。他们强调货币供给与货币需求的关系，认为通货膨胀是货币供给相对于货币需求过剩时的结果。当货币供给超过了经济中所需的货币量，人们会试图通过购买商品和服务来花掉多余的货币，从而推动物价上涨。三是古典主义货币观点。古典主义经济学家亚当·斯密和大卫·李嘉图认为，货币对物价水平没有永久影响，通货膨胀是暂时的现象。根据他们的观点，经济中的资源总量是固定的，如果货币供给增加，人们的购买力会上升，导致物价上涨，但最终会引发工资上涨和成本上升，从而抵消通货膨胀的影响。

总的来说，货币与通货膨胀理论涉及多个学派和观点，对货币供给、货币需求、经济产出、物价水平等因素之间的关系有不同解释。现实中，通货膨胀的产生是由于多种复杂因素的综合作用，货币政策的实施和经济体的状况都会对通货膨胀产生影响。因此，货币与通货膨胀理论的研究仍然是一个富有挑战和值得深入探讨的课题。

（四）社会发展理论

社会发展理论是社会学和发展经济学的重要研究领域，涉及社会结构、社会变迁和经济发展等方面的理论探讨。该理论旨在解释和预测社会的演变与发展过程，包括社会制度、社会机构、社会行为以及经济、文化、政治等方面的发展。以下是一些主要的社会发展理论。

一是现代化理论。现代化理论在 20 世纪中叶兴起，强调社会从传统社会向现代社会的转变。该理论认为，社会现代化是由经济、科技、政治和文化等各个方面的进步和变化所导致的。现代化理论关注城市化、工业化、教育和科技发展等因素对社会发展的影响。二是依赖理论。依赖理论强调发展中国家受发达国家依赖和控制的影响，认为经济和社会发展的不平等是由国际经济体系中的不平等关系所导致的。该理论主张解决发展中国家的贫困和不平等问题需要削减对发达国家的依赖，强调自主发展和自给自足。三是环境决定论。环境决定论认为地理环境和自然资源等因素对社会发展有着决定性的影响。例如，气候、土地和水资源等因素可以影响产业发展，从而塑造社会的结构和特征。四是现代化世界系统理论。现代化世界系统理论认为国家之间存在着不平等的经济关系，富裕国家和贫困国家之间形成了一个现代化的世界体系。这一理论强调国际经济和政治的联系对社会发展产生重要影响，国际体系的变化也会对国家和地区的社会发展产生影响。

总体而言，社会发展理论涉及广泛的学科领域，包括经济学、社会学、地理学等，这些理论试图解释和预测社会的变迁。不同的社会发展理论强调不同的因果关系，为社会发展和政策制定提供了不同的视角和思考框架。在实际应用中，理论的综合运用和实证研究是推动社会发展和改善社会状况的重要手段。

二　绿色发展相关理论

绿色发展是一种可持续发展的理念和实践，旨在在经济发展的过程中保护环境、提高资源利用效率、促进社会公平和增进人民福祉。绿色发展相关理论涵盖可持续发展理论、环境经济学、环境政策理论、生态现代化理论等方面的内容。以下是一些主要的绿色发展相关理论。

（一）可持续发展理论

可持续发展理论是一种对人类社会和自然环境关系进行全面思考的发展理念。该理论强调了经济、社会和环境之间的相互联系，以及实现长期平衡与协调发展的重要性。其核心目标是满足当前的需求，同时确保不损害未来世代满足其需求的能力。在可持续发展理论中，经济发展是必要的，但不能以牺牲环境和社会公正为代价。经济增长应该是符合环境资源承载能力的、负责任的增长。环境保护是可持续发展的重要组成部分，包括保护自然资源、保护生态系统完整性、减少污染和碳排放等。同时，社会公平和社会正义也是不可或缺的因素，可持续发展追求降低社会不平等，确保每个人都能分享发展成果。

可持续发展理论认为，人类与自然环境之间是相互依赖的关系。我们的生存和繁荣依赖自然资源的供应和生态系统的稳定。因此，必须采取措施保护环境，避免环境破坏对人类社会的负面影响。同时，人类的发展也会对环境产生影响，因此需要在经济发展中考虑环境保护和资源利用的限制。可持续发展理论强调长期视角，关注未来世代的需求和权益。这意味着我们不能将当前问题留到未来去解决，而是要在今天采取措施，确保未来世代能够继续享受资源和环境的恩惠。科技创新在可持续发展中扮演着重要角色。通过科技创新，我们可以提高资源利用效率，减轻环境负担，寻找替代能源，解决环境问题。同时，全球合作也是实现可持续发展的必要条件。许多环境和社会问题是全球性的，需要各国和各地区共同努力，共享信息和经验，共同应对挑战。

可持续发展理论不仅仅是一个学术理念，更是一个指导行动的理念。许多国家和国际组织将可持续发展纳入政策制定和发展规划中。企业界也越来越意识到可持续经营的重要性，许多企业将环境、社会责任纳入业务战略中。公众也对可持续发展越来越关注，人们更加重视环保、可再生能源和公平贸易等议题。然而，实现可持续发展并不是一蹴而就的。面对诸多挑战，包括气候变化、资源匮乏、生态系统崩溃、社会不平等等，需要全球范围内的共同努力，采取集体行动，制定切实可行的政策和措施，以确保我们的地球能够为未来世代提供持久的生存环境。

（二）环境经济学

环境经济学是一门经济学的分支学科，它关注经济活动与环境之间的相互作用和影响。该理论旨在研究如何在经济发展的同时保护和管理环境资源，以实现可持续发展。环境经济学的出现是为了解决环境问题和可持续发展面临的挑战，将经济学的工具和方法应用于环境保护和资源管理领域。

首先，环境经济学关注的一个重要概念是外部性。外部性是指一种经济活动对其他人或企业产生的非市场效应，可能是正面的（正外部性），也可能是负面的（负外部性）。例如，工厂排放的污染物可能会对附近的居民健康产生负面影响，这是一种负外部性。环境经济学通过研究外部性的产生和影响，寻找政策手段来内部化外部性，即让经济主体对其行为所产生的环境影响负责。其次，环境资源往往是公共物品，任何人都可以使用。然而，由于公共物品的非竞争性和非排他性，资源可能会被过度利用和浪费。环境经济学研究如何通过适当的管理和政策手段来保护公共物品，确保其可持续利用。

环境经济学通过成本和效益分析来评估环境政策和项目的影响。这种方法可以帮助决策者在制定政策时权衡不同的环境和经济因素，选择最具成本效益的措施。环境经济学提出将污染权交易作为一种市场化手段来解决污染问题。这种制度允许企业购买或出售污染许可证，以便控制排放和减少污染。这样的市场机制可以在一定程度上激励企业减少污染并提高资源利用效率。此外，环境经济学强调经济活动应该以可持续的方式进行，以满足当前需求而不损害未来世代的发展。这需要在经济增长和环境保护之间寻找平衡，鼓励绿色技术创新，提高资源利用效率，减轻环境负担。

环境经济学在解决环境问题、推动可持续发展方面发挥着重要作用。它将经济学的理论与环境保护、资源管理等实际问题相结合，为政策制定和决策提供了重要的指导和支持。然而，环境经济学的应用也面临一些挑战，包括不同利益相关者的冲突、信息不对称和不完全以及环境价值的内在复杂性等。因此，需要不断改进和完善环境经济学的理论和方法，以更好地应对现实环境问题。

（三）环境政策理论

环境政策理论是指在环境保护和可持续发展背景下，制定和实施环境政策所依据的原则、方法和理念。这些理论旨在解决环境污染问题、保护自然资源、促进生态平衡和增进人类福祉的问题。环境政策理论涵盖多个领域，包括环境经济学、环境伦理学、社会学、政治学等，其目的是寻找可持续的解决方案。

环境政策的核心理论之一是可持续发展理论。首先，该理论强调经济、社会和环境三者之间的协调，以满足当代人的需求，又不损害未来世代满足其需求的能力。可持续发展理论强调长期规划和资源管理，以确保人类和自然界的永续发展。该理论认为通过市场机制，引入环境因素和资源稀缺性，可以有效地促进环境保护。例如，碳排放交易系统可以通过向排放较少的企业提供激励，减少温室气体排放。其次，该理论认为政府应该直接干预并制定严格的法规和标准，限制环境污染和资源过度开采。例如，颁布法律限制工厂废水排放，以保护水体环境。此外，该理论认为政府应该通过奖励措施和税收优惠来鼓励企业和个人采取环境友好行为。例如，鼓励使用可再生能源的税收减免政策。环境政策应该考虑社会公正和贫困问题。该理论主张环境政策的实施应当均衡地考虑社会不同群体的权益，避免对弱势群体的不利影响。

该理论认为公众参与对于环境政策的制定和实施至关重要。政策制定过程中应该充分听取公众的意见和建议，增强政策的可接受性和有效性。从生态学视角强调生态系统的复杂性和相互依赖性。环境政策应该基于对生态系统的科学理解，促进生态平衡和生物多样性的保护。这些环境政策理论并不是独立的，通常在实际制定政策时会结合多个理论来寻找最佳解决方案。有效的环境政策需要综合考虑不同理论，充分认识到环境问题的复杂性，并在不同利益相关者之间取得平衡，以实现可持续发展和环境保护的目标。

（四）生态现代化理论

生态现代化理论是一种综合性的理论，旨在解决经济发展与环境保护之间的矛盾，促进可持续发展。该理论强调在经济现代化的过程中，必须充分考虑生态环境的保护和恢复，以确保未来世代的生存和发展。生态现代化理论是对传统现代化理论的拓展和补充，使经济发展与环境保护相辅相成，而不是相互对立。

生态现代化理论认为，保护和改善生态环境应该置于经济发展的前提之下。经济发展必须在保护生态环境的基础上进行，不能以牺牲环境为代价。生态现代化强调推动绿色技术和产业的发展，通过创新技术来减少资源消耗和环境污染，实现产业升级和可持续发展。生态现代化鼓励发展循环经济模式，将资源的利用和废物的处理进行有效的循环利用，减少资源浪费，减轻环境负担。

生态现代化理论认识到环境破坏和生态恢复是一个连续的过程。在经济发展的同时，必须采取措施保护现有的生态系统，并积极参与生态环境的恢复工作。生态现代化理论强调环境问题是全球性的，需要国际社会共同合作解决。国际技术交流、资源共享和环保合作对于推动生态现代化至关重要。生态现代化理论认为，公众参与是实现生态现代化的关键要素，必须倾听民众的声音，让公众积极参与环境政策的制定和实施过程。生态现代化理论是一个不断发展的理论框架，其目标是实现经济、社会和环境的协调发展。它着眼于解决当前和未来的环境挑战，提倡在经济增长和社会发展中坚持生态文明建设的理念。通过科学的规划和全面的考虑，生态现代化理论寻求实现经济繁荣、社会进步和生态环境的共赢局面，使人类可以在健康的环境中生活、工作和发展。

三　财富水平对绿色发展影响的相关理论

（一）环境库兹涅茨曲线

环境库兹涅茨曲线是一种经济学理论，由西蒙·库兹涅茨于20世纪50年代提出。该理论试图描述国民经济收入与环境质量之间的关系，特别是在经济发展过程中环境质量的变化趋势。在过去几个世纪，经济发展一直是国家和地区追求的主要目标。国民经济收入的增加通常与经济增长和社会发展直接相关。然而，经济发展所伴随的高能耗、高污染和资源浪费问题，也给环境带来了沉重的负担。随着全球环境问题日益凸显，人们开始探讨经济发展与环境保护之间的关系，并寻求一种平衡的发展模式。

该理论的基本观点是，国民经济收入与环境质量之间的关系并非简单的线性关系而是曲线关系，曲线将这种关系分为三个阶段。阶段一：在国民经济收入较低的阶段，环境质量通常较差。这是因为在贫穷的国家和地区，人们通常将经济增长和生存需求摆在首位，可能无法充分投入资源来保护环境，生存和发展的迫切需求导致资源的过度开采和环境的过度污染。阶段二：随着国民经济收入的增加，环境质量可能会出现下降趋势。在这个阶段，人们通常追求更高的生活水平，经济活动增加，包括能源消耗、工业生产和城市化等导致的环境污染也会增加。此时，环境问题可能达到严重程度，环境质量可能出现持续恶化的情况。然而，当国民经济收入达到一定水平后，曲线开始进入第三个阶段：阶段三。在这个阶段，环境质量开始改善。随着经济的发展，人们对环境问题的认识不断提高，环境保护意识增强。政府和社会开始采取更多措施来减少环境污染，推动绿色发展。经济发展和环境保护逐渐实现协调，环境质量开始稳步改善。

环境库兹涅茨曲线强调，经济发展与环境保护之间的关系并不是简单的线性关系。在经济发展初期，环境问题可能受到较少关注，甚至以牺牲环境换取短期经济增长。但随着经济发展水平的提高，人们的环境保护意识增强，社会开始重视环境问题，逐渐采取措施改善环境质量。然而，值得指出的是，环境库兹涅茨曲线并不是一种普遍适用的规律。实际上，该曲线的形状和拐点的位置可能因国家、地区、产业结构、政策措施等因素不同而有所不同。在实践中，经济发展与环境保护的关系受到许多复杂因素的影响，不同国家和地区需要制定相应的环境政策，以实现经济与环境的协调发展。因此，环境库兹涅茨曲线提供了一种重要的思考框架，帮助我们理解经济发展与环境质量之间的复杂关系。它强调经济发展与环境保护的关系需要在全球范围内进行持续的探索和平衡，以实现可持续的绿色发展目标。要实现经济繁荣和环境保护的双赢，需要政府、企业和社会共同努力，推动经济发展和环境保护的协同进步，构建更加可持续的未来。

（二）绿色先锋理论

绿色先锋理论是一种环境政策和发展理论，强调在富裕国家，特别是高收入和高发达程度的国家，更容易采取绿色发展的政策和措施。该理论认为，财富水平的提高和经济繁荣使得这些国家更有能力和动力去解决环境问题，推动可持续发展。绿色先锋理论的核心观点如下。

首先，富裕国家通常拥有更多的资源和技术，能够更好地应对环境挑战。随着经济繁荣和财富积累，这些国家更容易投入大量的资金用于环境保护和绿色技术的研发。此外，由于经济状况良好，人们更有可能关注环境问题，增强环保意识，从而更积极地采取环保行动。财富水平更高的国家通常更有条件支持技术创新和绿色产业的发展。绿色先锋国家会投入更多的研发资源，探索环境友好的新技术和新产品。这些绿色技术和产业在实现经济增长的同时，减轻了环境压力，促进了可持续发展。富裕国家拥有更强大的政府机构和更完善的法律体系，能够更有效地制定和实施环境政策和法规。这些政策和法规通常涵盖环境标准、污染排放限制、资源管理等方面，有助于推动企业和个人采取更环保的行为。

其次，财富水平更高的国家更容易将吸引的国内外投资用于环保项目。这些投资可以用于建设清洁能源基础设施、推动循环经济发展、改善环境基础设施等。环保投资不仅推动了经济发展，也为环境保护做出了贡献。富裕国家的教育水平普遍较高，公众更加理解和认同环境保护的重要性。绿色先锋国家通常投入更多资源用于环保宣传和教育，提高公众对环境问题的认识，促进环保行动。

然而，绿色先锋理论也受到一些批评。其中一个主要的批评观点是，一些富裕国家在过去的发展过程中并没有足够地考虑环境保护。在一些发达国家，过度工业化和高能耗模式导致了严重的环境污染和资源浪费问题。因此，尽管这些国家拥有较高的财富水平，但它们也需要面对和解决既有的环境挑战。此外，绿色先锋理论也忽略了一些贫穷国家在环境保护方面取得的进展。尽管这些国家的财富水平相对较低，但一些发展中国家在环保方面已经采取了积极的行动，推动了绿色发展和可持续发展。

因此，在实践中，绿色先锋理论需要结合实际情况灵活应用。富裕国家需要反思过去的发展模式，积极转向绿色发展道路。贫穷国家也应该得到国际社会的支持和合作，实现可持续发展目标。只有全球范围内进行合作和共同努力，才能真正推动绿色发展，实现经济繁荣与环境保护的双赢。

（三）绿色债务理论

绿色债务理论是一种环境经济学理论，旨在探讨全球南北之间的经济债务和环境问题之间的关系。该理论强调，富裕国家通过消费和产业模式将环境压力转嫁给贫穷国家，导致了全球环境发展不平衡。绿色债务理论涉及南北问题、环境公平和环境正义，是一种对经济全球化和可持续发展的批判性观点。在解释绿色债务理论之前，首先需要了解南北问题。南北问题是指南半球贫穷国家（通常称为南方国家）与北半球富裕国家（通常称为北方国家）之间在经济、社会和环境方面存在的不平等关系。南方国家经济普遍较为贫困，面临着资源匮乏、环境污染和气候变化等严峻问题；而北方国家则拥有较高的财富水平和技术实力，较容易实现经济繁荣和环境保护。

首先，绿色债务理论认为，富裕国家在过去的发展过程中过度利用了南方国家的自然资源，并将高污染产业转移到这些国家，导致了资源掠夺和环境债务。南方国家为了获得贷款和外资支持，可能被迫采取高度环境破坏的经济行动，加剧全球环境问题。绿色债务理论强调，环境问题是全球性的，但其责任和影响不均衡。南方国家对全球环境问题的贡献较小，但承受了较大的环境压力。因此，绿色债务理论主张要实现环境正义，财富水平较高的国家应该承担较多的环境责任，为南方国家提供环保技术、资金支持。

其次，绿色债务理论提倡南方国家拥有环境主权，即有权自主决定自己的发展模式和环境政策，而不是被迫接受富裕国家的要求。此外，该理论还强调富裕国家对南方国家存在生态债务，应该偿还环境债务和弥补资源损失。为了实现全球绿色发展和环境公平，绿色债务理论主张富裕国家应该与贫穷国家建立合作关系，共同推动可持续发展。这包括技术转让、环境合作、经济援助和债务减免等措施，支持南方国家转向绿色经济，共同应对全球环境问题。然而，绿色债务理论也受到一些争议。一些人认为，该理论过于简化了问题，忽略了全球经济体系和南方国家自身的发展责任。南方国家在发展过程中也需要采取合理的经济政策，推动本国的可持续发展。此外，绿色债务理论强调富裕国家的责任，但在实际操作中，如何确保这种责任得到认真履行仍然面临挑战。

综合而言，绿色债务理论提供了一种重要的思考框架，帮助我们理解全球南北关系和环境问题之间的复杂关系。南方国家面临的环境挑战需要全球共同努力解决，而绿色债务理论强调财富水平较高的国家应该为解决全球环境问题承担较多责任。通过全球合作和转型支持，可以实现更加公平和可持续的全球发展。要实现这一目标，需要各国政府、企业和国际组织共同合作，达成共识，共同推动全球环境治理和绿色发展。

（四）低碳转型理论

低碳转型理论是一种重要的环境政策和发展理论，强调在应对气候变化和减少温室气体排放的过程中，国家或地区应该从高碳经济转向低碳经济，以实现可持续发展。该理论主张通过推动清洁能源、减少化石燃料的使用、提高能源效率和推动绿色技术创新等方式，减少温室气体的排放量，减少对环境的影响，同时促进经济的增长和社会的进步。低碳转型理论的主要观点如下。

首先，低碳转型理论认为，全球气候变化是一个严峻的挑战，主要由过度使用化石燃料和大量排放温室气体引起。这些温室气体导致地球大气中温室效应的增强，进而导致全球变暖、极端天气事件增加和海平面上升等环境问题。低碳转型理论主张将环境问题与经济发展相结合，通过转向低碳经济模式，实现经济的可持续发展。低碳经济是指在生产和消费过程中减少温室气体排放，减少碳足迹，同时通过资源节约和循环利用来减少资源消耗。其次，低碳转型理论认为，清洁能源是低碳经济的关键组成部分。清洁能源包括太阳能、风能、水能、核能等可再生能源，以及天然气等较为清洁的传统能源。通过推广清洁能源的使用，可以减少对化石燃料的需求，减少温室气体排放。

此外，低碳转型理论强调提高能源效率的重要性。通过技术创新和优化能源使用，可以在不影响经济增长的情况下减少能源消耗和碳排放。能源效率的提升也有助于降低企业和家庭的能源成本，推动绿色技术的创新和应用。绿色技术包括节能技术、清洁能源技术、碳捕捉与储存技术等，可以帮助实现碳排放的消减和资源的有效利用。低碳转型是一个全球性的挑战，需要各国之间进行跨界合作和共同努力。国际合作可以促进经验交流和技术转让，共同应对全球气候变化。同时，发达国家应该提供资金和技术支持，帮助发展中国家实现低碳转型。

低碳转型理论的实践意义十分重大。随着气候变化的形势越来越严峻，各国普遍意识到必须转向低碳经济，以应对气候危机并实现可持续发展目标。许多国家已经制定了低碳转型战略和政策，推动清洁能源的发展，提高能源效率，鼓励绿色技术创新，并加强国际合作。低碳转型不仅有助于减少碳排放，缓解气候变化的影响，还有助于推动新的经济增长点和产业结构升级。因此，在实践中，需要各国制定全面的低碳转型战略和具体的政策措施，并落实到实际行动中。同时，国际合作也至关重要，只有全球共同努力，才能实现低碳转型的目标，为全球可持续发展做出贡献。

|第三章|
财富水平影响绿色发展效率的理论分析

第一节　财富的基本功能

一　经济功能

（一）生产和创造财富的基础

财富为生产活动提供了必需的资源和资本。财富包括实物和货币资产，如设备、原材料、现金和投资等，这些资源和资本是进行生产和创造财富所必需的要素。首先，个体和企业通过拥有和积累财富，可以投入资本来购买生产设备、融资项目、开展研发活动等，推动经济增长。其次，财富的积累为创业和创新提供了支持，创业和创新是推动经济发展和增长的重要驱动力，个体和企业通过利用财富进行创业，开拓新的市场和产业，引领经济的发展方向。财富为个体提供了创业所需的资金和资源，让他们能够承担创业风险，从而开展新的商业活动。同时，财富的积累也为企业的创新活动提供了资金支持。

此外，财富为个体和企业的投资和融资提供了基础。个体和企业通过积累财富，拥有更多资金，这些资金可以用于投资，如购买股票、债券、房产等。投资可以带来回报，并为经济的发展提供资金支持。财富的积累还为企业的融资提供了基础，包括银行贷款、债券发行等。融资可以帮助企业扩张和项目实施，促进经济的增长和发展。财富的积累和拥有使个体和企业具备更强的生产能力和扩大规模的能力。更高的财富水平意味着更多的资源和资金储备，个体和企业就可以更多地投入生产要素，扩大生产规模，提高生产效率和增加产出。财富的存在还为个体和企业提供了消费需求和市场需求。财富使个体和企业能够购买更多的商品和服务，满足自身的消费需求。同时，财富的积累也为市场需求提供了支撑。个体和企业购买力的增强，促使经济中其他产业和企业的发展，推动市场的扩大和经济的增长。财富的积累和消费需求的增加为经济的增长提供了动力，进一步推动了经济的发展和繁荣。

（二）促进经济流动和交换

财富为经济流动提供了必要的媒介和工具，财富作为经济交换的媒介，促进了资源的流动。个体和企业通过拥有和积累财富，可以参与市场经济活动，进行购买、销售和交易。财富的存在和流动使得经济中的资源能够有效地流通和配置，满足不同个体和企业的需求，推动经济的运行和发展。财富的积累使个体和企业拥有更多的资源和资本，增强个体和企业参与经济活动的能力。个体和企业根据自身的需求和资源条件选择购买、生产或投资哪些产品和服务，从而在资源配置中发挥重要作用。财富的存在和使用使得资源能够流向最具价值的领域和项目，提高资源的利用效率，促进经济的发展。

此外，财富的积累和流动也推动了市场的发展和扩大。个体和企业通过购买和消费，为其他生产者创造了市场需求，从而刺激了更多的生产和经济活动。财富的流动使得市场需求扩大，促进了市场规模的扩大和市场机制的完善，进一步提升经济的流动性和活跃性，为经济体系中各方的交换提供更多的机会和选择。财富的流动和交换也有助于促进资源的优化配置和市场的竞争，个体和企业根据市场需求和供给进行买卖交易，参与市场竞争。在竞争中，资源将流向效率更高的企业和行业，推动资源的优化配置，提升经济效率。财富的流动和交换激发了市场竞争，鼓励了个体和企业通过提供更好的产品和服务来吸引顾客，促使企业不断提升自身的竞争力，推动创新和技术进步。

（三）为经济增长提供资金来源

首先，财富的积累为个体和企业提供了实现投资计划和扩张战略的资金支持。通过投资可以增强生产能力、提高生产效率和创造新的产品和服务，为经济带来增长和繁荣。其次，财富的积累为企业提供了资本实力和信用背景，使其能够更轻松地获取外部融资。企业也可以通过将财富作为抵押物或信用保证，向银行、金融机构或投资者融资，筹集所需的资金用于扩张、研发和市场开拓。财富的流动和交换带来了更多的资金来源。财富的积累和流动使得个体和企业之间的交换增加，进而带来更多的收入和资金流动。

此外，财富的流动也促进了资本市场的发展，为经济增长提供了更多的资金来源。个体和企业拥有了财富，可以进行股票、债券和其他金融资产的投资。这些投资不仅为个体和企业带来回报，也为经济的发展提供资金支持。资本市场的发展为企业提供了多元化的融资渠道，吸引了更多的投资者和资金，为企业的发展提供了更多的资金来源，进而推动了经济的增长。同时，财富的积累和使用可以带动税收的增加，为政府提供更多的财政收入，这些税收资金可以用于公共基础设施建设、教育、医疗、社会福利等方面，为经济增长和社会发展提供重要的资金支持。

二　社会功能

（一）支持社会福利和公共事业

财富为社会福利和公共事业提供了资金来源。首先，个体和企业通过财富的积累和使用，创造了更多的财富资源。这些财富资源可以通过税收、捐赠、社会责任等方式用于支持社会福利和公共事业。政府可以通过税收收入来提供基础设施、公共教育、医疗保健等公共服务。同时，个体和企业也可以通过捐赠和开展社会责任活动来支持慈善机构、教育机构、医疗机构等社会福利和公共事业的发展。其次，财富的积累使个体和企业拥有更多的资源，这些资源可以用于支持社会福利和公共事业的发展。例如，个体和企业可以利用财富投资教育领域，提供更好的教育资源和机会，提升教育质量。同样，个体和企业可以利用财富投资医疗领域，提供更好的医疗设施和服务，改善人民的健康状况。

此外，财富的积累和使用也可以通过创造就业机会和提高收入水平来支持社会福利和公共事业。财富的积累和投资创造了更多的就业机会，提供了人们获得稳定收入的途径。个体和企业拥有了财富，可以扩大生产规模、创造新的产业，促进就业机会的增加。就业机会的增加不仅提高了个体和家庭的收入水平，也增加了税收收入，为社会福利和公共事业的支持提供了更多的资金来源。而且，财富的积累使得个体和企业具备进行技术研发和创新的能力，个体和企业可以利用财富进行研发新产品、改进生产工艺、引入新技术等，提高社会福利和公共事业的效率和质量。

（二）促进社会阶层流动和社会平等

财富为教育机会提供了资源上的支持，促进了社会阶层的流动和社会平等。首先，财富的积累和使用使得个体和家庭能够在教育领域投入更多的资金和资源，由此可以获得更好的教育资源和机会，包括高质量的学校、辅导课程、培训机构等。教育被认为是提升社会地位和促进社会阶层流动的重要途径，通过财富的支持，更多的个体和家庭可以获得高质量的教育，提高其人力资本和职业技能，有机会在社会中获得更高的经济和社会地位，促进社会阶层的流动和社会平等。其次，通过利用财富进行创业，个体可以开创新的事业，拓宽收入渠道，改善生活状况，从而提升社会地位。最后，个体和企业通过利用财富进行研发新产品、改进生产工艺、引入新技术等，促进经济增长。创业和创新的机会不仅仅局限于少数精英，财富的存在使更多的人有机会参与其中，促进社会阶层的流动和社会平等。

此外，财富的流动性和市场的机制使得个体可以通过买卖交易参与市场经济活动。市场经济的基本原则是供需关系和竞争机制，个体可以通过拥有财富，参与买卖交易，提供产品和服务，从而获取收入和财富。财富的积累和使用增加了个体的经济选择机会，减少了经济上的不平等。在市场中，个体的经济地位不再仅仅取决于出身和背景，更多地取决于其财富的积累和经济活动的成果。这为个体提供了实现经济独立和社会阶层流动的机会，并且促进了社会平等。

(三) 促进经济和社会稳定

财富的流动和交换促进了市场的稳定和平衡，财富的存在和流动使得市场供需关系得以平衡，并促使资源在经济系统中得到有效配置。个体和企业通过财富参与买卖交易，实现资源和产品的交换。市场交易的过程中，财富的流动使得资源和产品能够以合理的价格进行交易，促进了供需的平衡和市场的稳定。财富的流动和交换也鼓励企业之间的竞争，促进了资源的优化配置和经济效率的提高。财富的积累和使用为就业提供了支持，促进了社会的稳定。财富的积累使个体和企业具备了更多的资源和资本，增强了个体和企业进行创业和投资的能力。创业和投资带来了更多的就业机会，降低了失业率，增强了社会稳定性。

此外，个体和企业通过财富的流动和使用，为社会福利提供了资金支持。个体和企业通过税收、捐赠、履行社会责任等方式支持社会福利和公共事业的发展，改善弱势群体的生活状况，提供教育、医疗和社会保障等福利服务。这为社会提供了基本保障，减少了社会不稳定因素，促进了社会的和谐和稳定。财富的积累还使得个体和企业具备进行技术研发和创新的能力。个体和企业通过利用财富进行研发新产品、改进生产工艺、引入新技术等，提高经济和社会的创新能力。技术创新和进步为经济提供了新的增长动力，同时也为社会提供了更好的产品和服务。技术创新和进步有助于提高经济的竞争力和韧性，促进经济和社会的稳定。

三　个人功能

（一）提供物质需求和生活品质的保障

首先，财富提供了满足基本生活需求的物质资源。个体和家庭通过财富的积累，可以购买食品、衣物等基本生活必需品，为满足所需提供条件，为个体提供经济上的保障，使他们能够满足基本的物质需求，维持生活的正常运转。其次，财富为个体提供了教育、医疗和社会服务等方面的资源支持，进一步提高了生活品质。通过财富的支持，个体有能力选择获得更好的教育和培训机会，提高自身的知识和技能水平。这有助于个体获得更好的就业机会和更高的收入水平，提升其生活品质。个体还可以利用财富享受社会服务，如娱乐、文化活动等，提升生活的丰富性和满足感。

此外，财富的积累和使用也为个体提供了经济安全和保障，提升了生活品质。财富的存在和积累使得个体在面对突发事件或经济困难时能够有所准备和应对。个体可以利用财富建立应急储备，以应对意外的支出或收入的减少。而且，个体可以通过财富的投资和理财，增加收入来源，提升经济的稳定性，提供经济上的安全感，使他们能够更加从容地应对生活的挑战。财富的积累和使用也为社会提供了公共基础设施的建设和维护，提升了整体的生活品质。个体和企业通过财富的税收和捐赠，支持政府提供公共基础设施，如道路、桥梁、学校、医院等。这些设施和设备的存在和良好运营，为社会提供了更好的服务和更大的便利。

（二）提供个人自由和选择的机会

第一，财富的积累和使用赋予个体经济上的独立性和自主性，使个体能够拥有足够的经济资源，不依赖他人或外界的援助，从而实现经济上的独立。个体可以自主决定如何使用财富，满足自己的需求和追求自己的目标。第二，财富提供了个人选择的机会，个体通过财富的积累和使用，可以选择自己感兴趣的职业、事业和生活方式，能够追求自己的激情和兴趣。第三，财富提供了个体追求教育和知识的机会。通过财富的支持，个体可以获得更好的教育资源和机会，提高自身的知识水平和技能，扩大自己的视野，从而做出更适合自己的抉择。

此外，财富的积累和使用也为个体提供了更多的消费选择和享受的机会。个体能够购买更多的产品和服务，满足自己的消费需求，可以选择品质更高的衣物、食品和日用品，提高生活的舒适度和质量。他们可以选择旅游和休闲活动，体验不同的文化和风景，能够根据自己的偏好和兴趣，选择适合自己的生活方式。财富的积累和使用为个体提供了更多参与社会的机会和公民权益。财富使个体能够参与社会活动、政治决策和公共事务，可以进行慈善捐赠、社会投资和公益活动，为社会做贡献，还可以利用财富来推动社会变革和改善，争取自己和他人的权益，促进社会的民主和平等。

（三）为个人发展和创新提供支持

首先，财富为个人提供了受教育和培训的机会，促进了个人的学习和知识积累，使个体能够选择接受高质量的教育和培训，提升自身的知识水平和技能。个体可以获得更好的教育资源和学习条件，拓宽知识领域。教育和培训为个人提供了掌握专业技能、发展创新思维和解决问题的能力。其次，财富为个人提供了资金和资源支持，增加了创业和创新的机会。财富的积累使个体能够拥有更多的资本和资源，有能力进行创业和创新活动。个体可以利用财富进行新业务的创办、新产品的开发，以及新技术的研发和推广，促进个人发展和社会进步。

此外，财富为个人提供了经济安全和稳定，创造了发展的稳定环境，使个体能够在经济上获得相对的稳定性和安全感。个体不再被迫为了温饱而忍受低效率的工作或污染的环境，而可以更多地专注于个人的发展和创新。经济的安全和稳定使个体能够更加自由地选择自己的职业道路，投入更多的时间和精力去发挥自己的潜力和增强创新能力。财富的积累和使用也为个人提供了多样化的资源和经验，丰富了个人的背景和能力。个体通过财富的支持，可以扩大社交圈子，获得更广泛的人际关系和合作机会。这为个体提供了更多的资源和经验，拓宽了个人的视野，改变了个人的思维方式。

四　环境功能

（一）促进环境保护和可持续发展

首先，财富为环境保护提供了资金和资源支持，企业可以利用财富采取环境友好的生产和经营方式，实施污染治理、资源循环利用和能源节约等环境保护措施。社会可以通过财富支持环境组织、研究机构和政府部门进行环境保护项目的实施和推广。财富的存在为环境保护提供了必要的资金和资源，推动了环境保护的实施和效果的提升。其次，财富为可持续发展提供了创新和技术支持，企业和研究机构能够在科研和创新活动上投入更多的资金和资源，推动环境友好的技术开发和解决方案的制定，比如企业可以利用财富来引入和应用环保技术，开发和推广可再生能源、清洁生产技术、低碳技术等，推动经济发展和资源利用的可持续性。

此外，财富的积累和使用使得企业能够更加关注环境责任和社会责任，将环境保护和可持续发展纳入经营战略和目标。企业可以通过财富的支持来改善生产工艺、减少资源消耗、降低环境污染、提高产品的环保性能等。个体也可以通过利用财富来购买绿色产品、采取低碳生活方式、支持环境组织的活动等，促进可持续发展的实现。财富的使用还为环境保护和可持续发展提供了经济激励和市场机制。通过财富的流动和交换，市场经济机制可以为环境保护和可持续发展提供经济激励和市场导向。企业和个体可以通过环保产品和服务的供给和需求来实现经济利益。环保产业的发展和绿色消费的兴起，为环境保护和可持续发展提供了经济上的支持和推动力。

（二）支持环保技术和创新的发展

首先，财富提供了研究和开发环保技术的资金和资源支持，研究机构和创新者在环保技术的研发上能够投入更多的资金和资源，这些资金和资源可以用于科研设备的购置、人才的培养、实验室的建设等，推动环保技术的研究和开发。其次，财富为企业提供了资金和市场支持，鼓励其开发和应用环保技术。企业在环保技术的研发、生产和应用上能够投入更多的资金和资源。财富使企业能够购买环保设备、改进生产工艺、实施污染防治措施等，减少环境影响，还可以帮助企业开展市场推广和扩大销售规模，提高环保技术的市场竞争力。

此外，财富的流动和交换使得市场经济机制可以为环保技术和创新提供市场需求和经济激励。个体和企业通过财富的支持，可以表达对环保技术的需求，推动市场上环保产品和服务的供给。市场对环保技术和创新的需求创造了商机，吸引了更多的投资者和创新者参与环保。财富的使用为环保技术和创新提供了市场推广和商业化的机制，促进了环保技术和创新的发展与应用。财富的积累和使用还为环保技术和创新提供了经验和合作机会。个体和企业通过财富的支持，可以扩大社交圈子，与其他创新者、研究机构和企业进行合作和交流。这为环保技术和创新的发展提供了资源整合和合作创新的机会。

第二节　财富水平的绿色需求效应

一　财富水平对绿色需求的驱动作用

首先，财富水平的提高增加了消费者对个性化需求的关注，其中包括环保意识和对高品质、环境友好型产品的需求。当个人或社会的财富水平提高时，消费者有更多的经济资源来满足基本需求之外的个性化需求。于是环境保护逐渐被认为是一种价值追求和生活方式，因此，消费者更愿意购买绿色产品和选择环保友好的服务，他们更关注产品的环境性能、可再生材料的使用、低碳足迹等因素，这些特征与他们的环保意识和高质量生活需求相契合。其次，财富水平的提高使消费者更容易承担绿色产品的溢价。绿色产品通常涉及更高的生产成本和研发投入，因此价格可能相对较为昂贵。然而，随着财富水平的提高，消费者更有能力支付更高的价格来购买绿色产品，因为他们对环境保护的认知和价值观有所提升。相反，低财富水平可能会限制消费者对绿色产品的需求，因为他们更关注基本生活需求的满足，往往对价格敏感。最后，财富水平的提高还与消费者对品质和声誉的要求提升相关。随着财富水平的提高，人们更愿意购买质量更高、环保认证更科学的产品和服务，因为他们追求高品质生活的愿望与环境保护相契合。绿色产品往往注重质量、可持续性和社会责任，与消费者对高品质和可信赖品牌的需求相符合。财富水平的提高给消费者提供了更多选择的余地，让他们可以更自由地选择绿色产品。这进一步促进了绿色需求的增长。

此外，财富水平的提高还与教育水平、社会文化因素和社会影响力等因素相互作用，它们共同影响绿色需求的驱动力。教育水平的提高通常与环保意识的增强和环境知识的增加相关，使人们更能够理解环境问题和绿色产品的重要性。社会文化因素也起到重要作用，如社会媒体的影响力、社会价值观的转变等，都可以影响消费者对绿色产品的选择。然而，需要注意的是，财富水平对绿色需求的驱动作用也存在一些限制和挑战。首先，财富水平的提高并不一定意味着个体或社会的环保意识增强。其他因素，如文化、教育和社会价值观等，也会对绿色需求产生影响。其次，绿色产品和服务通常会比传统产品和服务的价格更昂贵，这可能会限制低收入人群对绿色产品需求的满足。

二 财富水平与消费观念的转变

较低财富水平下的消费观念主要集中在满足基本生存需求上。在贫困或较低收入阶层，人们的消费主要集中在食品、衣物等基本生活必需品方面，他们往往更加注重价格和经济性，倾向于购买价格低、实用性强的产品和服务。在这种情况下，绿色消费往往不是他们首要考虑的因素，因为他们更关注经济实惠和基本需求的满足。然而，随着财富水平的提高，人们的消费观念逐渐发生了转变。较高的财富水平使得人们有更大的经济能力去追求更高品质的生活和消费体验。在这个阶段，人们开始注重产品的品质、个性化，而不仅仅是价格和实用性。他们希望通过消费来体现个人价值和社会地位，追求与众不同的消费体验。

财富水平的提高还带来了人们对环境保护和可持续发展的关注。随着经济的发展，人们越来越意识到环境污染、资源浪费和生态破坏对生活质量和未来的影响。因此，较高财富水平的人们开始重视绿色消费，即选择那些对环境友好、可持续发展的产品和服务。他们愿意支付更高的价格来购买具有环保认证、节能减排、可回收等特点的产品，以降低自身对环境的影响。随着财富水平的进一步提高，消费观念逐渐演变为追求可持续性和社会责任的消费。较高的财富水平使得人们有较多的机会参与社会公益和慈善活动，从而增强他们对社会和环境问题的敏感度。他们希望通过消费来支持可持续发展和社会公益事业，如购买公平贸易产品、支持本地农业、参与慈善捐赠等。他们愿意关注产品的生产过程和供应链，对企业的社会责任和环境影响提出更高的要求。此外，财富水平的提高还推动了消费观念向体验经济的转变。随着经济的发展，人们对于物质生活的追求逐渐得到满足，对于体验和情感的需求变得更为强烈。较高的财富水平使得人们能够较多地参与文化艺术活动、进行旅游和休闲娱乐等体验性消费。在这个阶段，人们开始注重消费带来的快乐和满足感，将消费视为一种享受和自我实现的方式。

综上所述，财富水平与消费观念之间存在着密切的关系。随着财富水平的提高，人们的消费观念逐渐从满足基本生存需求转变为追求品质、个性化和体验经济。较高的财富水平也促使人们关注环境保护和可持续发展，选择绿色、可持续性的产品和服务。此外，财富水平的提高还使人们更加关注社会责任和公益事业，追求可持续性和具有社会价值的消费。这种转变不仅反映了个体对生活质量和幸福感的不断追求，也反映了社会对可持续发展和环境保护的日益重视。

三　财富水平对绿色产业的影响

首先，财富水平对绿色产业的投资和创新能力产生重要影响。更高的财富水平使得个人、企业和政府能够更容易获得资金，用于支持绿色产业的发展。资金的充足使得研究机构能够进行更多的研发，企业能够进行更多的创新，并投入绿色技术的开发和应用中。更高的财富水平也使得企业在推动绿色产业的转型过程中更具有经济实力和资源优势，从而能够更快地实现规模化生产，降低成本，扩大市场份额。其次，财富水平对绿色消费的推动作用不可忽视。更高的财富水平使得人们有更多的可支配收入，从而更容易选择购买环保和可持续发展的产品和服务。人们对于环境问题的关注和意识的提高，使得他们愿意支付更高的价格来购买绿色产品，推动绿色产业的发展。最后，财富水平的提高还使得人们能够享受到更好的教育和健康服务，提高对环境保护和可持续发展的认知水平，从而进一步满足对绿色产业的需求。

财富水平会对绿色政策的制定和实施产生积极影响。财富水平的提高意味着政府有更多的财政资源来支持环境保护和绿色产业的发展。政府可以通过制定激励政策，如税收优惠、补贴和资金支持，来吸引和鼓励企业和个人参与绿色产业。此外，财富水平的提高还意味着政府在推行环保法规和执行监管时能够更好地负担相应的成本，加强对绿色产业的监督和管理，推动其健康发展。然而，财富水平对绿色产业的影响也存在一些挑战。首先，较高的财富水平往往与高消费和高排放的生活方式相关联，这可能导致环境资源的过度利用和环境污染的加剧。如果不加以引导和调整，财富水平的提高可能会加剧环境问题，削弱绿色产业的可持续发展。其次，财富的不均衡分配可能会加大绿色产业的发展差距。在贫困地区或低收入人群较多的地方，缺乏资金和技术支持可能会成为绿色产业发展的障碍。因此，为了促进绿色产业的普及和发展，需要采取措施来解决贫困地区和低收入人群的资金和技术难题。

总体而言，财富水平对绿色产业的影响是双向的。一方面，较高的财富水平为绿色产业的投资、创新和消费提供了重要支持，推动了绿色产业的发展。另一方面，财富的不均衡分配和高消费生活方式可能带来发展差距和环境问题，需要政府通过制定政策和采取社会行动来引导和调整。在未来，随着可持续发展理念的深入人心，财富水平与绿色产业之间的相互影响将持续演变和调整，为推动绿色经济的发展提供更广阔的空间。

四　财富水平与政策支持的相互作用

首先，较高的财富水平对政策支持产生积极影响。财富水平的提高意味着个人、企业和群体有更多的财务资源来影响政策制定过程。富裕的个人可以通过捐款、利益集团的组织来影响政策决策者，推动对其利益的保护和支持。企业也可以利用其财务实力来进行游说和影响政府的政策方向，以满足其商业利益。更高的财富水平还使得个人和企业更具有资源和能力来参与政策制定的讨论和决策过程，提供专业知识和建议，从而影响政策的制定。其次，政策支持对财富水平的影响也十分显著。相关政策包括税收优惠、财政激励、金融支持等，这些政策可以直接或间接地影响财富的积累和分配。例如，政府通过减免税收、提供补贴和奖励计划等方式，鼓励和支持绿色产业的发展。这些政策可以降低绿色产业的成本，提供资金支持，增加市场需求，从而为个人和企业创造更多的财富增长机会。政策支持还可以通过推动创新和技术进步、改善商业环境、增加市场竞争等途径，为个人和企业创造更大的财富增长空间。

然而，政策支持对财富水平的影响也可能存在一些挑战。首先，政策支持可能导致财富的集中。如果政策偏向于支持富人和大企业，那么财富可能会更加集中在少数人手中，加剧贫富差距的问题。这可能导致社会的不公平和不稳定，影响可持续发展目标的实现。因此，在制定政策时，需要平衡不同群体的利益，确保政策的公平性和包容性。其次，政策支持的有效性也与社会和经济环境的因素有关。在某些情况下，政策支持可能受到腐败、不透明和政策执行不力等的影响，从而无法实现预期的效果。最后，政策支持成功与否还取决于市场需求、技术发展、资源可用性和社会接受程度等因素。因此，政策制定者需要综合考虑各种因素，制定可行和有效的政策，确保其能够真正推动财富水平的提高和可持续发展。

综上所述，财富水平与政策支持之间存在着相互作用的关系。财富水平的提高可以影响政策制定过程，拥有较高财富水平的个人和企业通过财务资源和影响力来推动对其利益的保护和支持。同时，政策支持也可以对财富水平产生影响，通过税收优惠、财政激励和金融支持等方式，创造财富增长机会和条件。然而，政策支持的公平性和有效性也需要关注，只有这样才能确保政策的制定和执行能够真正促进财富的均衡分配和可持续发展。在未来，需要进一步提高政策的透明度、完善公众参与和监督机制，以确保政策支持与财富水平之间的相互作用能够更加有效和可持续。

五　财富水平的限制和挑战

首先，财富不平等是财富水平的一个重要限制。在许多国家和地区，财富分配不均衡，贫富差距日益扩大，少数人拥有巨额财富，而大多数人则处于贫困之中。这种财富不平等不仅会导致社会不公平和不稳定，还会限制大部分人的经济增长和社会发展。财富集中在少数人手中可能会导致资源的不合理利用和市场机会的减少，同时也会增加社会紧张和不满情绪的风险。其次，财富水平的提高可能带来环境和资源的压力。随着财富的增长，消费水平和生活方式也可能发生改变，导致对自然资源的过度消耗和环境污染的加剧。例如，高收入人群倾向于追求奢侈品和高能耗的生活方式，这可能会导致能源需求和碳排放的增加。同时，财富水平的提高也可能导致土地开发和自然资源开采的加剧，对生态系统和生物多样性造成损害。因此，财富的增长需要与环境保护和可持续发展相协调，以避免不可逆转的环境破坏。

首先，财富水平的提高并不一定能够解决贫困问题。虽然较高的财富水平可能为一部分人带来更好的生活条件和机会，但在许多地区贫困问题仍然存在，这与财富的不均衡分配有关。贫困的根本原因可能涉及社会不公平、教育和医疗资源的不平等分配、就业机会的缺乏等多个因素。因此，仅仅依靠财富水平的提高并不能根本性地解决贫困问题，还需要综合性的社会政策和措施来提供平等的机会和资源。其次，财富水平的提高也可能导致社会和道德问题的出现。个人和企业在追求财富的过程中可能会面临诱惑和压力，从而导致腐败、不道德行为的发生。财富的追求可能使得个人和企业忽视社会责任和伦理准则，追逐短期利益而忽视长期的可持续发展。因此，财富水平的提高需要伴随着道德和社会价值观的引导，以确保财富的合法获取和公平分配。最后，财富水平的提高也可能受到经济和金融风险的挑战。经济周期的波动、金融市场的不稳定以及财富管理的风险可能对个人和企业的财富水平产生重要影响。例如，金融危机和经济衰退可能导致资产贬值、失业增加和财富损失。因此，财富水平的提高需要与风险管理和经济稳定性相结合，以降低不利因素对财富水平的冲击。

综上所述，财富水平的提高虽然可以带来一系列的经济和社会福利，但也面临着诸多限制和挑战。财富不平等、环境压力、贫困问题、道德风险以及经济和金融风险等都需要深入关注和应对。在推动财富水平提高的过程中，需要制定综合性的政策措施，以确保财富的公平分配、环境的可持续发展、贫困问题的缓解，并加强风险管理和监管，以实现社会公平。

第三节　财富水平的资金创设效应

财富水平的资金创设效应是指财富的积累和投资对经济和社会产生的多方面影响。当个人和企业通过积累财富并进行投资时，这些资金的创设将对经济增长、创业和创新、就业机会和收入增长、社会福利和可持续发展、资本市场和金融体系的发展产生重要影响。

一 经济增长

首先，财富的积累和投资为企业提供了资金支持，促进了生产能力的增强和生产要素的有效利用。个人和企业通过积累财富可以获得更多的可投资资金，这些资金可以用于购买生产设备、开拓市场、扩大生产规模等。投资可以刺激需求增长和供给扩张，推动经济的增长。企业通过引入新技术和设备，提高了生产效率和质量，增强了竞争力。资金的创设为企业的发展提供了重要支持，推动了企业的创新、扩张和进步。其次，财富的资金创设促进了创业和创新，成为经济增长的重要驱动力。财富的积累为创业者提供了启动和扩展企业的资金基础。个人和企业利用积累的财富投资于新产品研发、市场开拓和技术创新，推动经济的结构调整和产业升级。创业和创新还带来了新产品、新服务和新商业模式的出现，提高了生产效率、质量和创造力，增强了企业的竞争优势。创业和创新激发了市场活力，扩大了市场规模，为经济的增长创造了更多的机会。

此外，财富的资金创设为经济提供了更多的投资机会和融资渠道，推动了资本市场的发展。个人和企业通过投资股票、债券、基金等金融工具为企业融资提供了资金来源，促进了资本的流动性和市场的繁荣。发展健全的金融体系有助于资源的有效配置和风险的分散。财富的积累和投资推动了金融市场的发展，提供了更多的融资渠道和金融产品，促进了经济的稳定和增长。资本市场的发展为企业融资提供了便利，降低了企业的融资成本，促进了创新和企业家精神的培育。此外，财富的资金创设也对经济的需求和消费起到重要的推动作用。个人和企业通过财富的积累和投资提高了收入水平和财富积累速度，增强了消费能力。消费是经济增长的重要驱动力之一。个人和企业增加的消费需求带动了生产和服务的供应，刺激了经济的增长。增加的消费需求还推动了市场的拓展，激发了更多的创业和投资机会。财富的资金创设对经济结构的调整和产业升级产生了积极影响。通过财富的积累和投资，个人和企业可以引入新技术、新设备和新工艺，提高生产效率和产品质量。这有助于推动传统产业的转型升级，培育新兴产业，提高整体产业竞争力。财富的资金创设还为创新型企业和高科技产业提供了发展空间，促进了经济的创新驱动和技术进步。财富的资金创设对人力资源和人力资本的发展也具有积极影响。财富的积累和投资可以提供更多的就业机会，促进人力资源的充分利用。就业的增加有助于提高人们的收入水平和生活质量。个人和企业通过投资教育和技能培训，能够提高员工的专业能力和素质，增强劳动力、创造力和生产力，进一步推动经济的增长。

总体而言，财富水平的资金创设效应对经济增长产生了广泛而深远的影响。财富的积累和投资为经济提供了资金支持和动力，推动了生产能力的增强、创新活动的开展和市场的拓展。通过创业和创新，财富的资金创设为经济增长提供了新的推动力。同时，财富的资金创设对资本市场的发展、消费需求的提升、产业结构的优化和人力资源的发展也发挥了重要作用。因此，财富水平的资金创设效应是促进经济增长的重要因素。

二　创业和创新

首先，财富的资金创设为创业提供了资金支持。创业需要初始投资来启动和运营企业，而财富的积累使个人能够获得足够的资金来实现创业梦想。有足够的财富积累，创业者才可以自主选择创业方向，增加创业成功的机会。其次，财富的资金创设为创新提供了资金支持，减轻了创业初期的压力。创新是经济发展和竞争力提升的关键要素，需要投入大量的研发资金和资源。财富的积累使得个人和企业能够拥有更多的可投资资金，这些资金可以用于研发新技术、改进产品和服务、推动技术创新等。创新活动需要资金投入，而财富的资金创设为创新提供了强有力的支持。财富的资金创设还为创业和创新提供了风险资本。创业和创新具有不确定性，需要冒一定的风险才能获得成功。财富的积累使得创业者和创新者能够自主选择承担风险的大小，提供创业和创新所需的风险资本。这种风险资本的提供可以鼓励更多的人参与创业和创新，推动创业和创新生态系统的发展。最后，财富的资金创设为创业和创新提供了更多的资源。创业和创新不仅需要资金支持，还需要各种资源的支持，如人力资源、技术、市场渠道等。财富的积累使创业者和创新者能够投入更多的资源，选择更好的团队和技术支持，拓展市场渠道和销售网络。这些资源的提供增加了创业和创新的成功机会，推动了创业和创新的发展。

另外，财富的资金创设为创业和创新提供了更多的学习和发展机会。个人和企业可以将财富投资于教育和技能培训，提高创业者和创新者的专业能力和素质。通过学习和发展，创业者和创新者能够更好地应对市场挑战，提高创业和创新的成功率。财富的资金创设还可以促进创业者和创新者之间的交流和合作，激发创业和创新的灵感。此外，财富的资金创设为创业和创新提供了市场竞争优势。财富的积累使个人和企业能够更好地抵御市场竞争的压力，投入更多的资源和资金，扩大市场份额。财富的资金创设为创业者和创新者提供了更多的市场机会和竞争优势，使他们能够更好地与竞争对手竞争，推动市场的创新和竞争力的提升。财富的资金创设还为创业和创新提供了可持续发展的支持。创业和创新是经济持续发展的重要推动力。财富的资金创设为创业和创新提供了长期的资金支持，使其能够在市场竞争中持续发展。创业和创新的持续发展为经济增长提供了源源不断的动力和活力。

综上所述，财富水平的资金创设效应对创业和创新产生了重要影响。通过财富的积累和投资，创业者和创新者可以获得资金支持、风险资本和各种资源，增加创业和创新的成功机会。财富的资金创设还为创业和创新提供了学习和发展机会，提升了市场竞争力，并为其可持续发展提供了支持。因此，财富水平的资金创设效应是推动创业和创新的重要因素。

三 就业机会和收入增长

财富水平的资金创设效应对就业机会和收入增长的影响是复杂且深远的，它们之间存在着密切的相互关联。当个人和企业的财富水平得到提高时，这种资金创设效应往往会激发更多的投资。这些投资可能直接用于开设新的企业、扩大生产规模或支持创新项目，无疑会创造大量的就业机会，特别是在初创企业、制造业、服务业等关键领域。

就业机会的增加不仅会直接惠及劳动者，还通过产业链效应间接促进更多的就业。新企业的成立往往需要与供应商、分销商和其他支持性企业建立合作关系，这些企业也会因应市场需求而增加就业岗位。同时，随着消费者需求的增长，企业为了满足市场需求，不得不扩大生产规模，进一步增加就业机会。

除了就业机会的增加，资金创设效应还对收入增长产生积极影响。随着就业机会的增多，劳动者的工资和薪酬水平往往也会相应提高。特别是在那些需求大于供给的行业和地区，企业为了吸引和留住人才，通常会提供更具竞争力的薪酬。此外，资金创设效应还可能鼓励更多人选择创业或自雇，这些创业者通过创新和努力，有可能实现高收入，并进一步带动周边人的就业和收入增长。

四 社会福利和可持续发展

首先，财富的资金创设为社会福利提供了支持。个人和企业通过积累财富，可以投入资金用于教育、医疗、基础设施建设等社会福利项目。

通过财富的积累和投资，教育系统可以得到更多的投入，可以拥有更好的教育资源和机会，提升人力资源的素质和能力。医疗领域可以获得更多的投资，改善医疗设施和技术，提高医疗服务质量和可及性。基础设施建设也可以得到更多的资金支持，提升交通、能源、通信等基础设施的水平和扩大覆盖范围，促进社会的发展和改善人们的生活条件。其次，财富的资金创设对弱势群体和社会不平等的改善起到了积极作用。财富的分配和慈善捐赠有助于改善弱势群体的生活条件。个人和企业可以利用积累的财富，通过慈善捐赠和社会公益活动，为贫困人群提供帮助，改善其教育、医疗和基本生活条件。财富的资金创设为社会福利机构和非营利组织提供了更多的资源，使其能够更好地开展慈善和公益事业，推动社会的和谐与公平。

财富的资金创设还为环境保护和可持续发展提供了支持。个人和企业可以利用财富投资于环境保护和可再生能源项目，减少资源的消耗和环境污染，促进经济的长期可持续发展。例如，通过投资可再生能源领域，如太阳能和风能发电项目，可以减少对传统能源的依赖，降低碳排放，推动清洁能源的发展。再如，财富的资金创设还可以用于环境修复和保护，如森林保护和水资源管理等。这些投资有助于实现经济发展和环境保护的双赢。财富的资金创设对可持续发展的推动也体现在经济结构的调整和产业升级上。通过财富的积累和投资，个人和企业可以引入新技术、新设备和新工艺，提高生产效率和产品质量。这有助于推动传统产业的转型升级，培育新兴产业，提高整体产业的竞争力。例如，投资于绿色产业和清洁技术，可以推动经济的低碳转型，实现经济的可持续发展。财富的资金创设还为创新型企业和高科技产业提供了发展空间和支持，促进了经济的创新驱动和技术进步。此外，财富的资金创设对可持续发展的推动还体现在企业社会责任的履行上。财富的积累使得企业能够更好地履行社会责任，推动企业的可持续发展。企业可以通过对社会和环境负责的经营方式，实施可持续发展战略，平衡经济、社会和环境的利益。财富的资金创设为企业履行社会责任提供了资金支持和资源保障。

总之，财富水平的资金创设效应对社会福利和可持续发展产生了广泛而深远的影响。财富的积累和投资为社会福利提供了支持，包括教育、医疗和基础设施建设。此外，财富的资金创设也有助于改善弱势群体的生活条件，减少社会不平等现象。在可持续发展方面，财富的资金创设为环境保护和可再生能源项目提供了支持，推动了经济结构的调整和产业升级，促进了经济的低碳转型。财富的资金创设还促使企业履行社会责任，推动可持续发展的实践。因此，财富水平的资金创设效应对社会福利和可持续发展具有重要的推动作用。

五　资本市场和金融体系的发展

首先，财富的资金创设为资本市场提供了更多的资金来源。个人和企业通过财富的积累和投资，将闲置资金投入资本市场。这些资金可以通过购买股票、债券、基金等金融工具进入市场，为企业融资提供资金支持。财富的资金创设为资本市场注入了更多的流动性和投资资金，推动了市场的繁荣和发展。资本市场的充实和活跃为企业的融资提供了更多的渠道，降低了企业融资成本，促进了经济的发展和扩张。其次，财富的资金创设推动了资本市场的发展和完善。随着财富的积累和投资的增加，资本市场的规模得以扩大。市场上的资金增加了市场的流动性和交易活跃度，提高了市场的效率和吸引力。财富的资金创设为资本市场带来了更多的投资者，增加了市场的参与主体，促进了市场的多样化，加强了竞争。同时，财富的资金创设也推动了资本市场的制度建设和法律法规的完善，提升了市场的规范性和透明度，保护了投资者的权益，增强了市场的信心和稳定性。

财富的资金创设促进了金融体系的发展和创新。随着财富的积累和投资的增加，金融机构的规模和功能得到了拓展。金融机构可以提供更多的金融产品和服务，满足个人和企业的融资需求。财富的资金创设为金融机构提供了更多的存款和投资资金，增加了金融机构的贷款和投资渠道。金融机构通过财富的资金创设，可以更好地发挥信贷和中介功能，提供更多的融资支持和风险管理服务，推动企业的创新和发展。财富的资金创设为金融市场创新提供了动力。个人和企业通过财富的积累和投资，鼓励金融产品和金融工具的创新。例如，出现了更加多样化的投资产品，如指数基金、衍生品等，满足了不同投资者的需求。财富的资金创设也催生了金融科技的发展，促进了金融科技的创新和应用，如移动支付、互联网金融等。这些金融创新的出现丰富了金融市场的产品和服务，提高了金融市场的效率和便利性。此外，财富的资金创设还推动了金融体系的国际化和全球化发展。随着财富的积累和投资的增加，个人和企业可以更多地参与跨国投资，促进国际资本流动。这有助于加强国际的经济联系和合作，促进金融体系的国际化和全球化发展。

总之，财富水平的资金创设效应对资本市场和金融体系的发展产生了重要的影响。财富的积累和投资为资本市场提供了更多的资金来源，促进了市场的繁荣和发展。同时，财富的资金创设推动了资本市场的发展和完善，促进了金融体系的创新和国际化。财富的资金创设对资本市场和金融体系的发展具有重要的推动作用，为经济的增长和金融体系的稳定健康发展提供了有力支持。

第四节　财富水平对绿色发展效率的影响机制

财富水平对绿色发展效率的影响机制可以从多个方面来考虑。绿色发展是指在保障生态环境可持续的前提下，实现经济可持续增长和人民生活质量的改善。财富水平在这个过程中扮演着重要角色，其影响机制主要包括以下几个方面。

一　绿色技术投入

财富水平对绿色发展效率的影响机制主要体现在绿色技术投入方面。绿色技术投入是指在保护环境、减少资源消耗和污染的前提下，将更多的财富用于研发、应用和推广绿色技术的过程。这些技术包括可再生能源开发技术、清洁生产技术、节能技术以及环境治理技术等。财富水平高的国家或地区更容易投入大量资金和资源用于绿色技术的发展，从而推动绿色发展效率的提高。

首先，财富水平高意味着可以有更多的资金投入绿色技术研发。高财富水平的国家和企业能够投入大量的研发经费，吸引高水平的科学家、工程师和技术专家参与绿色技术的创新和研发。这些投入可以加速绿色技术的进步和优化，使其更加高效和成熟。其次，财富水平高使得更多的资源可以投入绿色技术的应用和推广中。绿色技术的推广需要大规模的投资和市场支持。财富水平高的地区有更多的企业和个人愿意投资绿色项目，而政府也能提供更多的激励措施和政策支持。这些投资和支持可以促进绿色技术的规模化应用，进一步提高绿色发展的效率。

此外，财富水平高的地区能够吸引更多的国际绿色技术合作和交流。绿色技术的发展通常需要全球范围内的合作和交流。财富水平高的国家能够提供更好的研究环境和更丰富的资源，吸引其他国家的优秀科学家和技术专家前来合作和研究。这种跨国合作有助于加快绿色技术的传播和应用，促进全球绿色发展。而且，财富水平高的地区能够提供更好的培训和更多的人才储备。绿色技术的应用和推广需要大量的技术人才。财富水平高的地区通常有更好的教育资源和科研机构，能够培养更多的绿色技术人才。这些专业人才的培养和储备为绿色技术的发展和推广提供了有力支持。财富水平高使得绿色技术的市场需求更加旺盛。高财富水平的地区有较高的消费水平和生活品质要求，对环保和绿色产品的需求也较大。这种市场需求的增加推动了绿色技术的市场竞争，使得企业更加积极地投入绿色技术的研发、应用和竞争中。这种竞争有助于提高绿色技术的质量和效率。

总的来说，财富水平对绿色发展效率的影响主要体现在绿色技术投入方面。财富水平高的地区能够投入更多的资金和资源用于绿色技术的研发、应用和推广，从而加速绿色技术的进步和传播，提高绿色发展的效率。然而，需要强调的是，绿色技术投入只是绿色发展的一个方面，还需要政府、企业和公众的共同参与，形成合力，才能实现绿色发展的长期可持续性。

二 环境保护投入

财富水平对绿色发展效率的影响机制在环境保护投入方面有着显著的影响。环境保护投入是指在保障生态环境可持续的前提下，将更多的财富用于环境保护、污染治理和生态保育等方面。在财富水平更高的国家或地区，政府和企业更有能力投入资金用于环境保护，推动绿色发展效率的提高。

首先，财富水平高的地区有更多的资源用于环境保护基础设施建设。环境保护基础设施包括污水处理厂、废物处理设施、大气治理设施等。这些基础设施的建设需要大量的投资，财富水平高的国家和地区能够更容易承担这些费用，从而提供更好的环境保护设施，减少污染物排放，改善环境质量，为绿色发展创造更好的条件。其次，财富水平高的地区有更多的资金用于环境污染治理。环境污染治理需要实行排污许可制、采取监测和罚款等手段，这些都需要相应的经费支持。财富水平高的地区有更多的能力投入资金用于环境监管和污染治理，推动企业遵守环保法规，减少环境污染和资源浪费，促进绿色发展效率的提高。

此外，财富水平高使政府能够更好地实施环境保护政策。环境保护政策需要政府出台和执行，而财富水平高的地区通常拥有更强大的政府机构和行政能力，能够更好地推进环境保护工作。政府可以制定激励性政策，如税收优惠、绿色补贴和排放限制，鼓励企业采取环保措施，推动绿色技术的应用和推广，从而提高绿色发展的效率。财富水平高的地区能够更好地保护生态系统。保护生态系统需要保护自然资源和生物多样性，以及开展生态修复和保护工作。财富水平高的国家能够投入更多资金用于生态保育项目，保护和修复湿地、森林、草原等生态系统，维护生物多样性，保障自然资源的可持续利用，为绿色发展创造更好的生态环境。财富水平高的地区有利于推动环保科技创新。财富水平高的国家拥有更多的科研机构和高水平的科研人才，能够投入更多资源用于环保科技研发。这些投入有助于推动环保科技的创新和进步，提高环保技术的效率和适用性，从而促进绿色发展的实现。

综上所述，财富水平对绿色发展效率的影响机制在环境保护投入方面表现为更多的资源用于环境保护基础设施建设和污染治理，政府能够更好地实施环境保护政策，有利于生态系统的保护和修复，推动环保科技创新等。高财富水平有助于提高绿色发展效率，但这也需要政府、企业和公众的共同参与和努力，形成合力，才能实现绿色发展的长期可持续性。

三　教育和意识提升

教育和意识提升是财富水平对绿色发展效率影响的重要角度。财富水平高的地区往往拥有更完善的教育体系和更广泛的知识传播渠道，能够提供更优质的教育资源和环保宣传，从而培养出环保意识更强、环保知识更丰富的公众和专业人才。在这样的环境下，人们更容易理解绿色发展的重要性，积极支持和参与环保活动，推动绿色发展的实现。

　　首先，教育系统在财富水平高的地区有更大的投入和发展。这使得教育质量得到提升，更多的人能够接受优质的教育。在教育的过程中，绿色发展的概念和理念被渗透到课程中，环保知识被传授给学生。学生可以从小知晓环保的重要性，养成环保意识和习惯。高质量的教育为绿色发展培养了未来的推动者和领导者。其次，财富水平高的地区有更丰富的宣传和媒体资源。环保知识和信息可以通过多种渠道广泛传播，如电视、广播、报纸、社交媒体等。这些媒体不仅可以向公众传递环保知识，还能够宣传绿色发展的成功案例和积极效果，增强公众的环保意识和激发公众积极参与绿色发展的热情。

　　此外，财富水平高的地区能够支持环保组织和公益机构的活动。环保组织在推动绿色发展中发挥着重要的作用，它们能够组织各类环保活动、宣传活动和公益活动，带动公众参与绿色发展。这些组织通常需要资金和资源的支持，而财富水平高的地区能够提供更多的捐赠和其他支持，推动环保组织的发展。财富水平高的地区更容易推动环保政策的实施。在这些地区，公众普遍具有较强的环保意识，对环保政策的支持度也较高。政府更容易得到公众的理解和支持，从而更加积极地推动环保政策的实施。这些环保政策包括限制排放、鼓励绿色技术应用、推广可再生能源等，都有助于提高绿色发展效率。教育和意识提升也对企业的环保行为产生影响。财富水平高的地区的企业往往更注重社会责任和可持续发展。公众对环保的要求使得企业更加重视环保措施的采取，加大绿色技术的应用和环境保护的投入。这些企业在追求经济效益的同时，也能够更好地保护环境，推动绿色发展。

　　综上所述，教育和意识提升是财富水平对绿色发展效率影响的重要方面。财富水平高的地区拥有更优质的教育资源和广泛的知识传播渠道，使得环保知识得以广泛传播和普及。教育和意识提升培养了公众的环保意识，丰富了公众的环保知识，激发了他们绿色发展的热情和动力，同时也推动了政府和企业更积极地采取环保措施和推动绿色发展的举措。这些因素共同作用，提高了绿色发展效率，促进了绿色发展的实现。

四 制度与政策

首先，财富水平高的地区通常拥有更为健全和完善的环境保护法律法规和政策体系，在这些地区，政府有更多的资金用于环保领域的投入，能够更好地实施环境保护政策。例如，制定更严格的环境排放标准、建立更完善的环境监管体系、加大对污染企业的惩罚力度等。这些政策的实施有助于减少环境污染，提高绿色发展效率。其次，财富水平高的地区有能力鼓励和支持绿色技术的研发和应用。政府可以通过资金拨款、税收优惠、补贴政策等手段，激励企业投入更多资源用于绿色技术的研发和应用。同时，政府还可以设立绿色产业基金，为绿色企业提供融资支持，推动绿色技术的规模化应用。这些政策的实施有助于促进绿色技术的发展，提高绿色发展效率。

此外，财富水平高的地区能够更好地推进可持续发展战略的实施。可持续发展是绿色发展的重要理念，旨在实现经济、社会和环境的协调发展。财富水平高的地区通常有更多的资源用于实施可持续发展战略，推动经济结构的转型升级，加大绿色产业的发展力度，减少对自然资源的过度开发，从而提高绿色发展效率。而且，财富水平高的地区可以更好地推动国际合作与交流。绿色发展是全球性的挑战，需要各国携手合作，共同应对。财富水平高的国家可以为其他国家提供技术援助和资金支持，帮助它们推进绿色发展。同时，这些国家也能够吸引其他国家的绿色技术，推动绿色技术的传播和应用，促进全球绿色发展的合作与共赢。财富水平高的国家能够更好地推动公众参与绿色发展的过程。绿色发展不仅仅是政府和企业的责任，更需要公众的广泛参与。财富水平高的地区通常有更多的社会组织和公众参与平台，能够吸引更多人参与到环保活动和绿色发展项目中。政府也可以通过开展环保教育和宣传活动，提高公众的环保意识，鼓励他们采取环保行动，从而推动绿色发展的实现。

综上所述，从制度与政策角度解释，财富水平对绿色发展效率的影响机制体现在制定和实施更为健全和完善的环境保护法律法规和政策体系、鼓励和支持绿色技术的研发和应用、推进可持续发展战略的实施、推动国际合作与交流以及促进公众参与绿色发展等方面。这些机制的运行和推动，有助于提高绿色发展效率，推动绿色经济的可持续发展，实现经济、社会和环境的协调发展。

五 绿色投资意愿

绿色投资意愿是指在财富水平较高的地区，人们和企业愿意将资金投入绿色发展领域，支持环保项目和绿色技术的发展。财富水平对绿色投资意愿产生着重要的影响，影响机制主要体现在以下几个方面。

首先，财富水平高的地区拥有更多的可投资资金。在这些地区，人们的收入普遍较高，企业的赢利能力较强。拥有较多的可投资资金使得人们和企业有更多的选择，包括将资金投入环保和绿色领域。相比财富水平较低的地区，财富水平较高的地区容易拥有较强的绿色投资意愿。其次，财富水平高的地区更关注长期回报和可持续发展。在这些地区，人们和企业更倾向于寻求长期的经济回报，并注重投资的可持续性。绿色投资意愿在一定程度上源于人们和企业对于环境保护和可持续发展的认知和认同。他们愿意将资金投入绿色发展领域，支持可持续的环保项目，实现长期的经济和社会效益。

另外，财富水平高的地区拥有更多的环保投资和绿色金融产品。金融市场的发展程度直接影响绿色投资意愿。在财富水平高的地区，金融机构更积极推出绿色金融产品，如绿色债券、环保股票、可持续发展基金等，这些产品能够为绿色投资提供更多的选择和便利。同时，绿色投资的风险评估和管理也更加完善，为投资者提供更多的信心和保障。此外，财富水平高的地区更加关注企业社会责任。企业社会责任是企业在经济发展的同时，对社会和环境负责的一种行为。在财富水平高的地区，企业更加重视社会责任，愿意将一部分资金用于环保项目和绿色技术的研发与应用。绿色投资意愿在一定程度上来源于企业对环保和社会责任的自觉意识，在财富水平高时，企业不会过分追求低成本，愿意为绿色发展贡献自己的力量。财富水平高的地区拥有更强的环保意识和更好的教育。绿色投资意愿的形成离不开人们对环保知识的了解。在财富水平高的地区，公众和企业更容易接触到丰富的环保信息，加深对绿色发展的理解和认同。环保意识的提升促使公众和企业更愿意将资金投入绿色发展领域，推动绿色发展的实现。

综上所述，绿色投资意愿在财富水平高的地区受到多种因素的影响。这些因素包括可投资资金、是否关注长期回报和可持续发展、环保投资和绿色金融产品、企业社会责任意识以及环保意识和教育等。财富水平高的地区拥有更多的资源，使得公众和企业绿色投资意愿更加强烈，推动绿色发展效率的提高。但需要强调的是，绿色投资意愿的形成需要政府、企业和公众的共同参与和努力，形成合力，才能真正实现绿色发展的目标，建设更加美好的生态环境和未来。

| 第四章 |

中国区域间财富水平的测度
及时空演变特征

第一节　财富水平测度方法

一　财富的内涵

多年来，世界各国的经济学家一直致力于探求财富的性质以及创造财富的路径与方法。尤其是在亚当·斯密的《国富论》面世后，关于国民财富的性质、创造以及分配等问题更是引起了学者们的广泛关注，成为经济学研究的重要问题之一（任保平，2010）。而学者们对于财富的研究涉及整个经济制度基础和经济社会发展方式的演变，相关研究成果大多集中于递进的几个理论问题：什么是财富？财富应该如何测度？财富是如何实现增长的？依托于现代经济增长理论，学者们在研究财富是如何实现增长的问题方面，已经具备较为完整和成熟的理论体系。但该理论体系是在传统的经济发展"数量时代"形成的，而当前我国的经济发展已经由高速增长阶段转向高质量增长阶段，高质量发展是全面建设社会主义现代化国家的首要任务。因此，我们有必要加快对高质量发展背景下财富增长问题的研究。在此之前，我们需要先明确财富的内涵，通过研究不同的经济社会发展阶段财富观的演变，提出更为科学的高质量发展背景下财富水平测算的维度及方法（郭晗等，2019），并以此为我国经济实现高质量发展提供相应的参考和依据。

本书通过对经济思想史中财富观的梳理，发现从财富观的演变与发展来看，人们普遍认为财富包含以下四种形态。

第一，实物财富。古希腊哲学家色诺芬是实物财富观的代表人物，他在著作《经济论》中指出，财富的衡量标准是物品的有用性，即物品的使用价值。在其提出实物财富观后，亚里士多德、马尔萨斯、亚当·斯密、法国重农学派等经济学家和学派进一步完善和丰富了实物财富观。实物财富观强调社会总物质产品对人类社会的重要性，在早期的财富观中占据着主导地位，并且至今仍有重要影响。

第二，货币财富。货币是在商品交换日益繁荣的背景下产生的一种特殊商品。16~17世纪，重商主义在欧洲盛行，金银货币被纳入了财富的范畴。重商主义认为金银货币是衡量财富的唯一标准，而一国财富水平的高低也应当取决于该国所拥有的金银等贵金属的多寡。为此，重商主义提出要鼓励出口，限制进口，通过保持对外贸易的顺差来实现本国财富的增值，并将获得更多的金银等贵金属作为国家战略发展的重要目标。总体来说，重商主义财富观是基于货币形态的财富观，对流通领域较为重视，但对生产领域的关注度较低，也因此并未能触及社会经济运行的本质。

第三，价值财富。劳动价值论、要素价值论以及效用价值论是价值财富的三种代表性观点。劳动价值论最早是由英国经济学家威廉·配第提出，后由亚当·斯密、大卫·李嘉图以及马克思等人对其进行了丰富和完善。该代表观点认为劳动是创造财富的根本源泉，财富的增值依赖于劳动力的增加和劳动效率的提升。要素价值论的代表人物为克拉克、萨伊与西尼尔等人，他们指出劳动、土地及储蓄是形成财富的三大要素。而效用价值论则是诞生于"边际革命"的背景下，边际学派认为财富应当以个人的主观满足为衡量标准。

第四，无形财富。知识与人力资本是无形财富的主要表现形式，20世纪20年代中期，自然科学与社会科学均获得了长足的发展，工业化进程也开始步入"后工业化"时期，知识、技术等现代化生产要素的贡献开始逐步超越传统的生产要素，在经济增长中扮演着越发重要的角色。知识、技术以及作为承载主体的人力资本也因此越发被人们重视，并成为国民财富的重要组成部分。无形财富观的出现打破了传统财富观中人们对有形财富的固有认识。此外，无形财富观不仅进一步回答了什么是财富，而且从知识创造与人力资本积累的角度拓展回答了如何实现财富的增值。现如今，知识、技术以及人力资本等无形财富是社会财富的重要组成部分已经成为全社会的共识。

通过上述对财富观演变过程的梳理和探讨，我们可以将财富的本质理解为全社会能够生产出物质总产品的有形要素与无形要素的总和。财富具有三大特征，分别是物质性、价值性以及创造性，这三大特征也是对前文中所提到的什么是财富、财富应该如何测度以及财富是如何实现增长的三大理论问题的回答。

二　财富水平测度的主要维度

在传统的追求经济高速增长阶段，人们普遍更关心物质发展水平的提高和经济总体规模的扩大，即更重视财富的物质性。现有的研究也大多关注怎样增加社会总产品的供给，在发展要素层面更加重视有形生产要素，而对无形生产要素的重视程度较低。随着我国经济步入高质量发展阶段，对财富水平的衡量也应当与时代发展相符，制定相应的高质量财富水平衡量标准。这一新标准不仅要反映出国家的富裕程度，也要反映出财富的质量与内涵，更为重要的是，要反映出一国经济的可持续发展水平。

现有研究中普遍将国内生产总值或人均国内生产总值作为财富的主要衡量指标，但也有部分学者认为用 GDP 或人均 GDP 来衡量地区的财富水平不够全面（高培勇等，2019）。通常而言，狭义上的地区财富表现为一个地区所拥有的物质财富，而广义上的地区财富则应当包括满足该地区人民在物质生活、公共服务及生态环境等方面的更高层次的需求（董直庆、王辉，2021）。针对狭义的物质财富来说，李涛和陈斌开（2014）认为对于个体而言，家庭的住房资产是财富的主要构成部分；朱诗娥等（2018）认为收入是家庭财富最主要的来源。相较于狭义的物质财富，广义的财富则更多地表现为公共卫生、医疗水平以及教育水平等社会服务的发达程度（金碚，2018）。金碚（2018）指出，加大对城市公共服务基础设施的建设，提高城市公共服务的共享性不仅有利于提升地区的富裕水平，更有助于实现高质量发展。孙伟增等（2019）采用地区每万人拥有的医生数和每百人公共图书馆藏书量等指标来测度地区的医疗水平与教育水平。在生态环境方面，张军扩等（2019）强调，在当下的高质量转型阶段，对生态环境的保护既是对城市发展的新约束，也是城市发展过程中的新财富，一味追求物质财富的增长而忽视对生态环境的保护有悖于满足人民对美好生活的向往，也不利于共同富裕的实现。

基于上述分析，本书参考董庆直和王辉（2021）、张明斗和王亚男（2022）的研究，从经济、社会以及生态等多个维度构建地区财富的细化衡量指标，再采用熵值法分析除港澳台地区以及西藏外 30 个省份整体的财富水平。就经济维度而言，人均地区生产总值、人均地方财政一般预算收入、人均全社会固定资产投资额、居民人均可支配收入、人均社会消费品零售总额等都是地区财富的重要衡量指标。而社会维度与生态维度属于前文中所提到的广义上的地区财富范畴，货币并不能完美地衡量这两个维度（金碚，2018）。在社会维度上，本书借鉴孙伟增等（2019）、王镝和唐茂钢（2019）的设计思路，采用每万人拥有公共交通车辆数量来衡量地区的基础服务能力；用每万人公共图书馆藏书量来表示各地区的教育水平；用每万人卫生机构数和每万人医疗机构床位数来反映各地区的医疗服务水平。在生态维度上，本书参照吴敏和周黎安（2018）的做法，分别用城市建成区绿化覆盖率、环境污染治理投资占 GDP 的比重、城市污水处理率、生活垃圾无害化处理率来表征各地区的环境规制水平；用工业固体废弃物综合利用率来代表各地区的经济循环发展能力；用每万人二氧化硫排放量来衡量各地区的空气质量。本书具体的区域财富水平衡量指标体系构成如表 4-1 所示。

表 4-1　区域财富水平衡量指标体系

指标	一级指标	二级指标	指标属性
财富水平	经济维度	人均地区生产总值(元)	+
		人均地方财政一般预算收入(元)	+
		人均全社会固定资产投资额(元)	+
		居民人均可支配收入(元)	+
		人均社会消费品零售总额(元)	+
	社会维度	每万人拥有公共交通车辆数量(标台)	+
		每万人公共图书馆藏书量(册/件)	+
		每万人卫生机构数(个)	+
		每万人医疗机构床位数(张)	+
	生态维度	城市建成区绿化覆盖率(%)	+
		环境污染治理投资占 GDP 的比重(%)	+
		城市污水处理率(%)	+
		生活垃圾无害化处理率(%)	+
		工业固体废弃物综合利用率(%)	+
		每万人二氧化硫排放量(吨)	−

三　财富水平测度的主要方法

首先对原始数据进行收集整理，考虑到各个指标数据的存续情况与统计口径的变化，同时为了与第五章中绿色发展效率相对应，本书选取了除港澳台地区及西藏外中国 30 个省份 2004~2021 年的面板经济数据作为样本进行实证检验。数据主要来源于历年的《中国统计年鉴》和《中国区域经济统计年鉴》以及国家统计局官方网站和 EPS 全球统计数据分析平台。对于部分缺失数据的处理，从现有的实证研究来看，学者们通常会采用如下三种处理方式。第一，如若是极少数的连续型数据的缺失，可以通过平均值插值法进行估算补充；如果连续型的数据之间存在一定的线性趋势，也可以通过线性插值法进行估算补充。第二，如若是部分年份的数据缺失，可以通过计量经济学分析软件如 SPSS、Stata 等对数据进行标准化处理，再使用插值法进行估算补充。第三，如若是缺失较为严重、统计口径变化或数据不可得的情况，也可以通过采用替代指标或更换计算方式来进行估算。根据数据的可得性与可靠性，本书所获取的样本数据存在少量的缺失值。根据指标的具体情况及缺失值的特点，本书按照上述方法分别进行估算和补充，最终得出我国 30 个省份 18 年的区域财富水平衡量指标。除此之外，由于部分二级指标存在数据量纲不一致的问题，本书也对其进行对数化处理。

接下来是对经过对数化处理后的二级指标进行计算，通过对各二级指标赋权，代入公式计算出区域财富水平。现有研究中采用赋权法对指标评价体系进行测算的方式主要有三类。第一，算术平均法，即将所有二级指标的数据相加，再除以指标数量，计算出的算术平均数即为该指标评价体系的最终得分。第二，层次分析法，根据现存的层次结构，列出矩阵并求解特征向量，再依据特征向量分配各二级指标对一级指标的权重，而后继续对一级指标进行加权求和，计算出相应指标的权重，依据该权重计算出最终的指标评价得分。第三，熵值法，首先通过公式计算出各二级指标的熵值，根据熵值的大小进一步判断各二级指标的离散程度，并将指标不同的离散程度作为该指标赋权的依据，在对指标赋权后，通过公式计算出一级指标的总体得分，再对各一级指标进行测算得到总指标的得分。相应的计算步骤及公式如下所示。

设 X_{ij} 为第 i 个样本第 j 个指标的值，构成的矩阵为 $(X_{ij})_{ij}$。

第一步，对数据进行标准化处理，采用如下公式来消除量纲。

正向指标：

$$X_{ij}^* = \frac{X - \min(X)}{\max(X) - \min(X)} \quad i = 1,2,\cdots,m \quad j = 1,2,\cdots,n \tag{4-1}$$

负向指标：

$$X_{ij}^* = \frac{\max(X) - X}{\max(X) - \min(X)} \quad i = 1,2,\cdots,m \quad j = 1,2,\cdots,n \tag{4-2}$$

第二步，计算第 i 个样本第 j 个指标的比重 P_{ij}：

$$P_{ij} = \frac{X_{ij}^*}{\sum_{i=1}^{m} X_{ij}^*} \tag{4-3}$$

第三步，计算第 j 个指标的信息熵 e_j：

$$e_j = -k \sum_{i=1}^{m} (P_{ij} \times \ln P_{ij}) \tag{4-4}$$

其中，$k > 0$ 且为常数，$k = 1/\ln n$，$0 \leq e_j \leq 1$。

第四步，计算第 j 个指标的差异程度：

$$d_j = 1 - e_j \tag{4-5}$$

第五步，计算第 j 个指标的权重 w_j：

$$w_j = \frac{d_j}{\sum_{j=1}^{n} d_j} \tag{4-6}$$

第六步，计算综合得分，即区域财富水平：

$$Score = \sum_{j=1}^{n} (w_j \times P_{ij}) \tag{4-7}$$

熵值法是一种客观的赋权方法，它不同于算术平均法对数据简单地赋均值，而是根据各个指标的相对变化程度对系统整体的影响来确定指标的权重，相对变化程度较大的指标对应具有较大的权重。本书的数据样本时间跨度为 18 年，研究对象有 30 个，二级指标有 15 个，是一个比较复杂的综合评价体系，相较于因子分析法等其他确定权重的办法，熵值法更为适宜。因此，本书从严谨性、客观性以及合理性的角度出发，运用熵值法对区域财富水平指标评价体系进行测度，所采用的测算软件为 Stata 17.0。

第二节　财富水平的测度结果

本书将样本数据中除港澳台地区及西藏外 30 个省份按照国家统计局所公布的四大经济区域划分为东北地区、东部地区、中部地区以及西部地区（见表 4-2）。按照前文所述的区域财富水平指标评价体系和测算方法，分别对以上四个地区省级层面的财富水平进行了测算，表 4-3 至表 4-10 显示了相关数据。

表 4-2　我国四大经济区域的具体划分情况

四大经济区域	四大经济区域所辖省份
东北地区	辽宁、吉林、黑龙江
东部地区	北京、天津、河北、上海、江苏、浙江、福建、山东、广东、海南
中部地区	山西、安徽、江西、河南、湖北、湖南
西部地区	内蒙古、广西、重庆、四川、贵州、云南、陕西、甘肃、青海、宁夏、新疆

资料来源：国家统计局发布的《统计制度及分类标准（17）》。

一　2004~2021 年东北地区财富水平及增长情况

如表 4-3 所示，2004~2021 年我国东北地区的平均财富水平指数由 0.296 上升至 0.679，总增长率达 129.13%，复合增长率为 5.00%。从表 4-4 各省份财富水平指数增长情况来看，黑龙江的总增长率与复合增长率分别达到 171.19% 和 6.04%；吉林分别为 142.20% 和 5.34%；辽宁分别为 90.93% 和 3.88%，低于东北地区的平均水平。

总体来说，东北地区各省份的财富水平较为稳定，且均维持了良好的增长态势。辽宁的现有财富水平较高，黑龙江的财富水平提高速度较快。

表 4-3 2004~2021 年东北地区财富水平指数平均值及增长情况

年份	平均值	年份	平均值
2004	0.296	2014	0.584
2005	0.310	2015	0.604
2006	0.328	2016	0.614
2007	0.362	2017	0.626
2008	0.399	2018	0.642
2009	0.454	2019	0.643
2010	0.492	2020	0.667
2011	0.525	2021	0.679
2012	0.558	总增长率(%)	129.13
2013	0.577	复合增长率(%)	5.00

资料来源：笔者根据前文数据和方法测算得出。

表 4-4 2004~2021 年东北地区各省份财富水平指数增长情况

单位：%

省份	总增长率	复合增长率
辽宁	90.93	3.88
吉林	142.20	5.34
黑龙江	171.19	6.04

资料来源：笔者根据前文数据和方法测算得出。

二 2004~2021 年东部地区财富水平及增长情况

表 4-5 展示了 2004~2021 年东部地区财富水平指数平均值及增长情况。

从总体上看，东部地区的平均财富水平指数由 0.377 增长至 0.743，总增长率达到 96.79%，复合增长率为 4.06%。增长较快的 3 个省份分别为河北、海南和广东，总增长率分别为 182.11%、150.00% 和 135.25%；复合增长率也均突破 5.00%，分别为 6.29%、5.54% 和 5.16%（见表 4-6）。

整体而言，东部地区大多为沿海省份，是我国改革开放的前沿阵地，交通便利，资源丰富，工业基础设施完善，具备得天独厚的发展优势。因而整体财富水平处于相对较高的位置，并且仍有巨大的发展潜力。尤其是长三角地区，在具有良好的财富基础上，仍保持着较高的财富增长速度，引领了东部地区的经济发展与财富积累。从财富水平指数增长情况来看，增长最快的省份为河北。由此可见，河北的财富增长潜力较大。

表 4-5　2004~2021 年东部地区财富水平指数平均值及增长情况

年份	平均值	年份	平均值
2004	0.377	2014	0.650
2005	0.406	2015	0.659
2006	0.426	2016	0.688
2007	0.459	2017	0.709
2008	0.490	2018	0.715
2009	0.543	2019	0.726
2010	0.562	2020	0.731
2011	0.590	2021	0.743
2012	0.617	总增长率（%）	96.79
2013	0.634	复合增长率（%）	4.06

资料来源：笔者根据前文数据和方法测算得出。

表 4-6　2004~2021 年东部地区各省份财富水平指数增长情况

单位：%

省份	总增长率	复合增长率
北京	48.60	2.36
天津	66.51	3.04
河北	182.11	6.29

续表

省份	总增长率	复合增长率
上海	57.70	2.72
江苏	97.66	4.09
浙江	84.50	3.67
福建	113.37	4.56
山东	133.44	5.11
广东	135.25	5.16
海南	150.00	5.54

资料来源：笔者根据前文数据和方法测算得出。

三 2004~2021 年中部地区财富水平及增长情况

由表 4-7 的测算结果可以看出，2004 年我国中部地区财富水平指数的平均值为 0.212，2021 年财富水平指数平均值上升至 0.703，总增长率为 232.05%，复合增长率为 7.31%。从表 4-8 中增长情况来看，安徽、河南和湖南的总增长率分别为 327.27%、248.47% 和 234.43%；复合增长率均突破了 7.00%，分别为 8.92%、7.62% 和 7.36%。

综上来看，虽然 2004 年我国中部 6 个省份的财富水平指数处于相对较低的水平，但后续均保持了较高的增长率，复合增长率均突破了 6.00%，在全国省份中都处于相对较高的位置。这表明我国中部地区的经济增长和财富积累的潜力巨大。

表 4-7 2004~2021 年中部地区财富水平指数平均值及增长情况

年份	平均值	年份	平均值
2004	0.212	2009	0.441
2005	0.241	2010	0.473
2006	0.269	2011	0.514
2007	0.316	2012	0.547
2008	0.358	2013	0.572

年份	平均值	年份	平均值
2014	0.587	2019	0.679
2015	0.604	2020	0.694
2016	0.635	2021	0.703
2017	0.649	总增长率(%)	232.05
2018	0.663	复合增长率(%)	7.31

资料来源:笔者根据前文数据和方法测算得出。

表4-8 2004~2021年中部地区各省份财富水平指数增长情况

单位:%

省份	总增长率	复合增长率
山西	209.57	6.87
安徽	327.27	8.92
江西	227.57	7.23
河南	248.47	7.62
湖北	179.45	6.23
湖南	234.43	7.36

资料来源:笔者根据前文数据和方法测算得出。

四 2004~2021年西部地区财富水平及增长情况

如表4-9所示,2004~2021年我国西部地区的平均财富水平指数由0.239上涨至0.689,总增长率为187.62%,复合增长率为6.41%。由表4-10可知,2004~2021年贵州、重庆和广西的总增长率依次为480.70%、227.06%和223.38%,复合增长率分别为10.90%、7.22%和7.15%。

总体而言,西部地区是四大经济区域中面积最大的地区,但总体财富水平在四大经济区域中并不占优势,财富也主要集中于川渝地区和几个经济相对发达省份。从复合增长率来看,除了贵州、重庆和广西突破了7.00%以外,陕西、四川以及甘肃等省份也有着不俗的表现。

表 4-9　2004~2021 年西部地区各省份财富水平指数平均值及增长情况

年份	平均值	年份	平均值
2004	0.239	2014	0.598
2005	0.267	2015	0.606
2006	0.293	2016	0.634
2007	0.337	2017	0.651
2008	0.373	2018	0.662
2009	0.437	2019	0.676
2010	0.481	2020	0.683
2011	0.518	2021	0.689
2012	0.551	总增长率(%)	187.62
2013	0.579	复合增长率(%)	6.41

资料来源：笔者根据前文数据和方法测算得出。

表 4-10　2004~2021 年西部地区各省份财富水平指数增长情况

单位：%

省份	总增长率	复合增长率
内蒙古	180.15	6.25
广西	223.38	7.15
重庆	227.06	7.22
四川	199.13	6.66
贵州	480.70	10.90
云南	164.11	5.88
陕西	210.00	6.88
甘肃	198.65	6.65
青海	123.87	4.85
宁夏	167.18	5.95
新疆	108.63	4.42

资料来源：笔者根据前文数据和方法测算得出。

五　2004~2021 年我国整体财富水平及增长情况

表 4-11 展示了 2004~2021 年我国整体财富水平及增长情况。我国整

体的平均财富水平指数由 2004 年的 0.281 上升至 2021 年的 0.703，总增长率达 150.10%，复合增长率为 5.54%。总体上看，2004 年，我国东部地区的财富水平指数最高；2021 年，东部地区的财富水平指数仍保持最高。从各省份的情况来看，2004 年，财富水平指数超过我国平均财富水平指数的省份有北京、上海、天津、浙江、江苏、辽宁、福建、新疆、山东、青海、广东、海南以及吉林；2021 年，财富水平指数超过我国平均财富水平指数的省份有北京、上海、浙江、江苏、福建、内蒙古、山东、天津、重庆、陕西、山西、湖南、湖北、海南以及安徽。由此可以发现，财富水平指数超过我国平均财富水平指数的省份大多位于东部地区，中部地区超过平均财富水平指数的省份数量也在逐渐增多，西部地区超过平均财富水平指数的省份略有增加。

表 4-11 2004~2021 年我国整体财富水平指数平均值及增长情况

年份	平均值	年份	平均值
2004	0.281	2014	0.605
2005	0.306	2015	0.618
2006	0.329	2016	0.643
2007	0.368	2017	0.659
2008	0.405	2018	0.670
2009	0.469	2019	0.681
2010	0.502	2020	0.694
2011	0.537	2021	0.703
2012	0.568	总增长率(%)	150.10
2013	0.590	复合增长率(%)	5.54

资料来源：笔者根据前文数据和方法测算得出。

综上所述，2021 年我国各地区财富水平呈现"东部地区>中部地区>西部地区>东北地区"的态势，东部地区的财富基础较好，且维持着较为稳定的增长率；中部地区是目前我国财富增长最快的地区，伴随着"中部崛起"战略的实施，中部六省的经济发展与财富增长仍然具有巨大潜力；西部地区的财富基础相对较弱，但近年来伴随着"西部大开发"战略的深入推进，西部地区的财富也迎来了较快的增长机遇，保持着较高的复合增长率；而东北地区虽然有着不错的财富基础，但近年来受到经济结构单一、人口流失严重等因素的影响，经济发展与财富增长略显疲态。

第三节　中国区域间财富水平的时空演变特征

一　中国区域间财富水平的时序演变特征

（一）我国整体及四大经济区域财富水平的时序演变分析

图 4-1 展示了 2004~2021 年我国整体及四大经济区域财富水平指数。可以看出，无论是整体财富水平指数还是四大经济区域的财富水平指数，均处于稳步增长的态势，且维持了较快的增长速度。其中，东部地区的财富水平指数在 18 年间一直位居第一，是我国经济发展与财富增长的

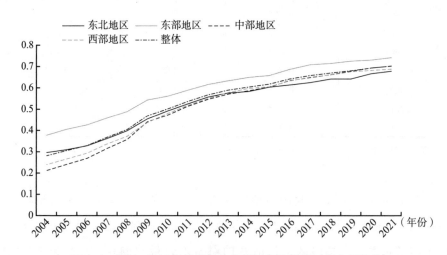

图 4-1　2004~2021 年我国整体及四大经济区域财富水平指数

资料来源：笔者根据前文数据和方法测算得出。

"排头兵"。中部地区的财富基础较差,其在 2020 年之前的财富水平指数是低于全国整体水平的,但在 2020 年开始与全国整体水平齐平,而且始终保持着良好的增长态势,复合增长率达到了 7.31%,是财富水平指数增长最快的区域。东北地区的财富水平指数在 2004 年仅次于东部地区,且略高于全国整体水平,但此后东北地区的财富水平指数增长乏力,复合增长率为 5.00%,低于全国整体水平。西部地区的财富水平指数维持了较高的增长率,复合增长率高达 6.41%。西部地区的地域面积广阔,自然资源丰富,加之国家"西部大开发"的政策支持,其在未来也具有较大的财富增长潜力。

(二) 我国区域财富水平的差异分析

泰尔指数是衡量地区间差异的常用指标,并且可以将地区间的总体差异具体分解为区域内差异和区域间差异,可以清晰地反映出二者对总体差异的贡献率(张国俊等,2018;Tian et al.,2021)。泰尔指数的具体计算公式如下:

$$Theil = Theil_{WR} + Theil_{BR} = \sum_{i=1}^{n}\left[\left(\frac{1}{n}\right) \times \left(\frac{T_i}{U}\right) \times \ln\left(\frac{T_i}{U}\right)\right] \tag{4-8}$$

式(4-8)中,$Theil$ 表示的是总泰尔指数,在本书中即为我国区域财富水平的总体差异;$Theil_{WR}$ 表示的是区域内的泰尔指数,即四大经济区域内的财富水平差异;$Theil_{BR}$ 表示的是区域间的泰尔指数,即四大经济区域间的财富水平差异。n 为样本中省份的数量,T_i 表示省份 i 的财富水平指数,U 表示我国整体的财富水平指数。

$Theil_{WR}$ 的计算方法与 $Theil$ 相同,在取值时,n 为某经济区域内的省份数量,T_i 表示该经济区域内省份 i 的财富水平指数,U 表示该经济区域整体的财富水平指数。

$Theil_{BR}$ 的计算公式如下所示:

$$Theil_{BR} = \sum_{j=1}^{m}\left[\left(\frac{n_j}{n}\right) \times \left(\frac{T_j}{U}\right) \times \ln\left(\frac{T_j}{U}\right)\right] \qquad (4-9)$$

式（4-9）中，n 为省份的数量，m 为经济区域数量，n_j 为经济区域 j 中所包含的省份的数量，T_j 为经济区域 j 的财富水平指数，U 表示我国整体的财富水平指数。

区域内差异贡献率计算公式如下：

$$\frac{Theil_{WR}}{Theil} \times 100\% \qquad (4-10)$$

区域间差异贡献率计算公式如下：

$$\frac{Theil_{BR}}{Theil} \times 100\% \qquad (4-11)$$

表 4-12 展示了根据泰尔指数公式及其分解公式测算出的我国区域财富水平总体差异、区域间差异以及区域内差异。可以发现，2004~2021年，我国区域财富水平的总体差异有所减小，泰尔指数从 0.0709 下降至 0.0095，总体降幅达到了 86.60%。从变化趋势来看，此阶段我国区域财富水平的总体差异表现为先减小后增大，而后再度减小。从泰尔指数的分解来看，2004~2021年，区域间差异和区域内差异总体均呈现下降的态势。区域间差异的贡献率显著大于区域内差异的贡献率，表明区域间差异是造成我国区域财富水平总体差异的主要原因。

表 4-12　2004~2021 年我国区域财富水平差异及其分解

年份	总体差异 $Theil$	区域间差异		区域内差异	
		$Theil_{BR}$	$Theil_{BR}$ 贡献率（%）	$Theil_{WR}$	$Theil_{WR}$ 贡献率（%）
2004	0.0709	0.0439	61.89	0.0270	38.11
2005	0.0638	0.0451	70.78	0.0186	29.22
2006	0.0585	0.0404	69.17	0.0180	30.83
2007	0.0465	0.0345	74.34	0.0119	25.66
2008	0.0362	0.0258	71.13	0.0105	28.87

年份	总体差异 Theil	区域间差异		区域内差异	
		$Theil_{BR}$	$Theil_{BR}$ 贡献率(%)	$Theil_{WR}$	$Theil_{WR}$ 贡献率(%)
2009	0.0239	0.0177	74.06	0.0062	25.94
2010	0.0169	0.0139	82.32	0.0030	17.68
2011	0.0143	0.0111	77.71	0.0032	22.29
2012	0.0124	0.0102	82.06	0.0022	17.94
2013	0.0128	0.0108	84.54	0.0020	15.46
2014	0.0146	0.0122	83.62	0.0024	16.38
2015	0.0104	0.0091	87.09	0.0013	12.91
2016	0.0134	0.0122	90.59	0.0013	9.41
2017	0.0155	0.0139	89.59	0.0016	10.41
2018	0.0137	0.0126	91.69	0.0011	8.31
2019	0.0152	0.0140	92.13	0.0012	7.87
2020	0.0097	0.0087	89.28	0.0010	10.72
2021	0.0095	0.0089	94.19	0.0005	5.81

资料来源：笔者根据前文数据和方法测算得出。

二　中国区域间财富水平的空间演变特征

（一）中国区域间财富水平空间演变分析

为了更直观地展示我国 30 个省份财富水平的空间演变特征，本书选取了 2004 年、2012 年以及 2021 年作为时间断面，根据前文中测算的财富水平指数，将其进一步细分为三个等级，依次为较低财富水平（小于等于 0.5）、中等财富水平（大于 0.5 且小于等于 0.7）和较高财富水平（大于 0.7），并借助 ArcGIS 10.8 软件对其进行空间表达。

由测算结果可以看出，2004 年，我国大多数省份的财富水平相对较低，仅有东部地区的北京达到了中等财富水平。2012 年，较高、中等、较低财富水平地区数量发展为"橄榄形"结构，即较高财富水平地区与较低财富水平地区的数量较少，中等财富水平地区的数量占据了主导地位，具有明显的地带分布特点。较高财富水平的地区以北京为代表。随着时间的推移，较高财富水平地区的数量逐步增多，由东部沿海地区向长江中上游扩散。截至 2021 年，我国已经有 17 个省份步入了较高财富水平的行列。财富水平较高的地区大多具有较强的区位优势、政策优势与资源优势，在产业结构优化升级和高新技术产业发展方面也具有一定的基础，有助于财富的积累与增长。

（二）中国区域间财富水平空间相关性分析

1. 空间自相关检验

空间自相关检验是应用空间计量经济学模型的前提，该检验能够量化研究对象的空间集聚效应，展示其在空间分布上的特点。当前应用最为广泛的空间自相关检验方法为莫兰指数（Moran's I）检验，莫兰指数的取值范围为 [-1, 1]，当莫兰指数大于 0 小于 1 时，即表明目标变量存在空间正相关性，取值越接近 1，空间集聚效应就越强；当莫兰指数大于 -1 小于 0 时，则意味着目标变量存在空间负相关性，取值越接近 -1，空间离散效应就越强；当莫兰指数趋近于 0 时，则表明目标变量不存在明显的空间相关性，表现为空间位置上的随机分布状态。全局莫兰指数的检验公式如下所示：

$$I = \frac{n \sum_{i=1}^{n} \sum_{j=1}^{n} w_{ij}(Y_i - \overline{Y})(Y_j - \overline{Y})}{S^2 \sum_{i=1}^{n} \sum_{j=1}^{n} w_{ij}} \quad (4-12)$$

式（4-12）中，$S^2 = \frac{1}{n} \sum_{i=1}^{n} (Y_i - \overline{Y})$，$w_{ij}$ 表示所采用的空间权重矩阵，Y 为被解释变量，$\overline{Y}$ 为被解释变量的平均值，n 表示省份的数量。

在实际应用中，通常需要通过计算莫兰指数的参数统计量来进行显著性分析，一般认为会存在两种假定形式：一是正态近似，二是随机试验。这两种形式的具体计算过程如下所示。

第一，正态近似假定条件下：

$$E_N(I) = \frac{-1}{n-1} \qquad (4-13)$$

$$D_N(I) = \frac{1}{w_0^2(n^2-1)}(n^2 w_1 - n w_2 + 3w_0^2) - E_N^2(I) \qquad (4-14)$$

第二，随机试验假定条件下：

$$E_R(I) = \frac{-1}{n-1} \qquad (4-15)$$

$$D_R(I) = \frac{n[(n^2-3n+3)w_1 - nw_2 + 3w_0^2] - K[(n^2-n)w_1 - 2nw_2 + 6w_0^2]}{w_0^2(n-1)(n-2)(n-3)} E_R^2(I)$$

$$(4-16)$$

$E_N(I)$ 和 $E_R(I)$ 分别表示正态近似假定下与随机试验假定下莫兰指数的期望值，$D_N(I)$ 和 $D_R(I)$ 则分别代表两种假定下的方差值。其中，$w_0 = \sum_{i=1}^{n} \sum_{j=1}^{n} w_{ij}$ 表示矩阵中的各元素之和，$w_1 = \frac{1}{2} \sum_{i=1}^{n} \sum_{j=1}^{n} (w_{ij} + w_{ji})^2$ 和 $w_2 = \sum_{i=1}^{n} (w_{i-} + w_{-i})^2$ 则分别代表行元素与列元素之和，$K = \frac{m_4}{m_2^2}$ 是峰态系数，$m_2 = \frac{\sum_{i=1}^{n} (Y_i - \overline{Y})^2}{n}$ 和 $m_4 = \frac{\sum_{i=1}^{n} (Y_i - \overline{Y})^4}{n}$ 分别为第二样本矩阵和第四样本矩阵。最后，还需要对莫兰指数进行标准化处理，处理公式如下：

$$z = \frac{I - E(I)}{\sqrt{D(I)}} \qquad (4-17)$$

具体而言，我们可以通过 z 值和 p 值的显著性来判断目标变量是否存在空间相关性。如若是 p 值小于 0.1 而 z 值大于 1.96，则表明至少在 10% 的水平下显著存在空间相关性。

Anselin（1995）认为，全局莫兰指数只能判断某个地区整体上是否存在空间相关性，并不能对具体各地区的空间相关性进行分析。由此，在目标变量通过了全局自相关检验后，可以进一步采用局部自相关检验来考察具体各地区的空间集聚效应。现有研究中通常采用局部莫兰指数来对局部的自相关性进行检验，其不仅可以精准地计算出各地区之间具体的相关程度，还可以生成更加直观的莫兰散点图来展示各地区的相关类型。局部莫兰指数的计算公式如下：

$$I_i = \frac{(y_i - \bar{y})}{S^2} \sum_{j=1}^{n} w_{ij}(y_i - \bar{y}) \tag{4-18}$$

与全局莫兰指数类似，局部莫兰指数的参数统计量也可以由如下所示的公式计算得出。各参数的意义和标准化方法与上文中的全局莫兰指数也相一致。

$$E(I_i) = \frac{-w_i}{n-1} \tag{4-19}$$

$$D(I_i) = \frac{w_{i(2)}(n-b_2)}{n-1} + \frac{2w_{i(kh)}(2b_2-n)}{(n-1)(n-2)} - E^2(I_i) \tag{4-20}$$

其中，$b_2 = \frac{m_4}{m_2^2}$ 是峰态系数，$m_2 = \frac{\sum_{i=1}^{n} \frac{z_i^2}{n}}{n}$，$m_4 = \frac{\sum_{i=1}^{n} z_i^4}{n}$，$w_{i(2)} = \sum_{j \neq i}^{n} w_{ij}$，$2w_{i(kh)} = \sum_{k \neq i}^{n} \sum_{h \neq i}^{n} w_{ik} w_{ih}$。

2. 空间权重矩阵的构建方法

根据变量所在地区距离的不同，变量之间的空间溢出效应也会随之发生变化。一般而言，地区间的距离越短，空间溢出效应越强，并且随着地区距离的增加，空间溢出效应也会减小。而这种地区间的距离是研究人员根据不同的研究目标而人为创建和设定的。例如，以地区间的地理位置相对关系设定的地理距离；以地区间经济发展差距设定的经济距离；以地区间教育文化差距设定的文化距离；以地区间科技创新差距设定的科技距离；等等。在实际应用空间计量模型时，距离因素是必不可少的，而这种距离因素正是通过构造不同的空间权重矩阵来衡量的。不同的权重矩阵所得到的估计结果可能会存在较大的差异，因此，在对我国的财富水平及绿色发展效率进行自相关分析、空间集聚分析以及空间计量分析之前，必须先确定好所需要的空间权重矩阵。本书在现有研究成果的基础上，基于省份之间的相邻关系和地理距离设置了三种不同的空间权重矩阵来进行空间计量分析和稳健性检验，以期从不同的角度对财富水平影响区域绿色发展效率进行实证分析。

（1）地理邻接矩阵

w_{ij} 为空间权重矩阵中坐标为（i，j）的值，当两省份相邻（存在公共边界）时，其对应的地理邻接矩阵中的数字取值为 1，否则取值为 0。需要注意的是，海南不与任何省份存在公共边界，为避免"孤岛效应"，将其处理为与地理距离最短的广东省相邻。具体的取值如下式所示：

$$w_{ij} = \begin{cases} 1, i、j\,\text{相邻} \\ 0, i、j\,\text{不相邻} \end{cases} \tag{4-21}$$

（2）地理距离矩阵

如式（4-22）所示，d_{ij} 表示 i 省份与 j 省份之间的质心距离，d_{ij} 的值越大，则表明两省份的地理距离越远，也就意味着空间溢出效应越弱。地理距离矩阵的对角线元素均为 0，其余元素的计算公式为：

$$w_{ij}^{d} = \frac{1}{d_{ij}}(i \neq j) \tag{4-22}$$

（3）经济距离矩阵①

如式（4-23）所示，e_{ij} 表示 i 省份和 j 省份之间的经济距离，其具体数值为两省份人均 GDP 18 年内平均值差值的绝对值。其值越大，表明两省份经济发展水平的差距越大，其空间交互效应也就越弱。经济距离矩阵的对角线元素均为 0，其余位置元素的计算公式为：

---

① 经济距离矩阵在第六章进行实证分析。

$$e_{ij} = \frac{1}{\mid \overline{pgdp_i} - \overline{pgdp_j} \mid}(i \neq j) \qquad (4-23)$$

3. 中国区域间财富水平的空间自相关分析

（1）全局自相关分析

本书按照前文中所述的空间自相关检验的一系列方法对各地区的财富水平进行全局自相关检验，并采用全局莫兰指数评估其空间关联水平。表 4-13 展示了以地理邻接矩阵作为空间权重矩阵的财富水平全局自相关检验结果。其中，I 值表示的是莫兰指数，E 值表示的是莫兰指数的期望值，z 值表示 z 得分，p 值表示其显著性水平。由此可知，2004～2011 年各地区财富水平的空间相关性均在 1% 的水平下显著；2012～2019 年，除 2014 年和 2019 年外，各地区财富水平的空间相关性均在 5% 的水平下显著；而到了 2020 年和 2021 年，显著性水平又回归到 1%。这 18 年间的莫兰指数均为正，大多数年份的 z 得分大于 2，这表明我国各地区的财富水平在地理邻接矩阵分布上具有显著的正向空间集聚效应。但通过观察可以发现，莫兰指数总体呈现波动下降的趋势，由 2004 年的 0.400 下降至 2021 年的 0.308，这意味着我国各地区财富水平的空间集聚效应正在减弱。表 4-14 中以地理距离矩阵作为空间权重矩阵的分析结果也进一步佐证了该观点，莫兰指数由 2004 年的 0.065 下降至 2021 年的 0.052。因此，在对我国各地区的财富水平进行分析时，也应当充分考虑其空间特性。

表 4-13   2004～2021 年地理邻接矩阵下财富水平的全局自相关检验结果

年份	地理邻接矩阵				
	I 值	E 值	标准差	z 值	p 值
2004	0.400	−0.034	0.120	3.630	0.000
2005	0.402	−0.034	0.120	3.637	0.000
2006	0.389	−0.034	0.119	3.556	0.000
2007	0.387	−0.034	0.119	3.538	0.000
2008	0.373	−0.034	0.120	3.401	0.001

年份	地理邻接矩阵				
	I 值	E 值	标准差	z 值	p 值
2009	0.351	−0.034	0.119	3.237	0.001
2010	0.300	−0.034	0.122	2.750	0.006
2011	0.311	−0.034	0.121	2.847	0.004
2012	0.212	−0.034	0.122	2.025	0.043
2013	0.235	−0.034	0.121	2.226	0.026
2014	0.192	−0.034	0.120	1.887	0.059
2015	0.211	−0.034	0.122	2.007	0.045
2016	0.207	−0.034	0.118	2.054	0.040
2017	0.242	−0.034	0.116	2.387	0.017
2018	0.193	−0.034	0.114	1.989	0.047
2019	0.183	−0.034	0.114	1.912	0.056
2020	0.264	−0.034	0.113	2.636	0.008
2021	0.308	−0.034	0.114	2.993	0.003

表 4-14　2004~2021 年地理距离矩阵下财富水平的全局自相关检验结果

年份	地理距离矩阵				
	I 值	E 值	标准差	z 值	p 值
2004	0.065	−0.034	0.032	3.081	0.002
2005	0.063	−0.034	0.032	3.024	0.002
2006	0.074	−0.034	0.032	3.371	0.001
2007	0.071	−0.034	0.032	3.274	0.001
2008	0.072	−0.034	0.032	3.310	0.001
2009	0.087	−0.034	0.032	3.775	0.000
2010	0.085	−0.034	0.033	3.636	0.000
2011	0.088	−0.034	0.033	3.754	0.000
2012	0.043	−0.034	0.033	2.373	0.018
2013	0.066	−0.034	0.033	3.088	0.002
2014	0.046	−0.034	0.032	2.475	0.013
2015	0.049	−0.034	0.033	2.529	0.011
2016	0.032	−0.034	0.032	2.078	0.038
2017	0.043	−0.034	0.031	2.485	0.013

年份	地理距离矩阵				
	I 值	E 值	标准差	z 值	p 值
2018	0.033	−0.034	0.031	2.189	0.029
2019	0.004	−0.034	0.031	1.256	0.209
2020	0.044	−0.034	0.031	2.571	0.010
2021	0.052	−0.034	0.031	2.808	0.005

（2）局部自相关分析

根据前文中的全局自相关分析结果，可以发现全国范围内的财富水平确实存在空间集聚效应。本部分借助局部莫兰指数和局部莫兰散点图来分析各省份之间的空间关联程度，并分别计算以地理邻接矩阵和地理距离矩阵作为空间权重矩阵的局部莫兰指数。[①] 依据空间关联程度，可以将各省份之间的空间集聚关系划分为四种类型，分别为高高集聚型、低高集聚型、低低集聚型以及高低集聚型。由结果可以看出，2004 年、2021 年我国各省份的财富水平均存在明显的空间集聚效应，并且主要分布于第一象限、第二象限以及第三象限，即呈现高高集聚型、低高集聚型和低低集聚型。

因此，从全局和局部来看，我国各省份的财富水平存在显著的且较强的空间关联特征。

[①] 因篇幅限制，莫兰散点图结果没有展示，如需要可向笔者索取。

| 第五章 |

中国区域间绿色发展效率的测算
及时空演变特征

第一节　中国绿色发展进程

自改革开放以来，我国迎来了世界范围内最大规模的工业化进程，这极大地促进了我国的经济增长和人民生活水平的提高，但与此同时，日益严峻的环境压力也随之而来。为了协调好绿色与发展、生态与经济的关系，我们必须探索出一条区别于传统工业化的绿色发展道路。在过去的 40 余年里，我国对绿色发展道路进行了不懈探索，取得了一系列重大的成就，但也面临着众多的困难与挑战。王一鸣（2019）认为在当下乃至今后一定时期内，我国仍然处于"环境库兹涅茨曲线"的拐点位置，必须坚持走好绿色发展道路，建设资源节约型、环境友好型社会，打造人与自然和谐共生的现代化建设新格局。

一　中国绿色发展的进展及成就

绿色发展是指以效率、和谐以及可持续为发展目标的经济增长与社会发展方式。现如今，绿色发展已经成为全球主流趋势，许多国家通过发展绿色产业推动经济结构的调整与转变，以突出绿色的理念与内涵。改革开放40余年来，我国经济快速发展，取得了举世瞩目的成就，但发展的同时也带来了资源消耗和污染排放成倍增加的环境问题。2022年，我国的能源消费总量高达54.1亿吨标准煤，约为1980年的9倍。[①] 伴随着工业化的迅速发展，工业产生的污染物排放也大大增加。2020年，我国的工业固体废弃物产生量约为36.75亿吨，约为1990年的6.3倍。[②] 像这样以过量的资源消耗和过度的污染排放为代价的经济增长，不仅不利于提高经济发展的质量和效益，而且会对生态环境造成巨大的破坏。因此，在改革开放和经济建设有序推进的过程中，我国逐步确立了节约资源和保护环境的基本国策，坚持走可持续发展之路。尤其是党的十八大以来，我国把生态文明建设作为统筹推进"五位一体"总体布局的重要内容，确立了纳入绿色发展的新发展理念，加快推进顶层设计和制度体系建设，推动绿色发展取得历史性成就，发生历史性变革。

（一）产业结构调整优化与绿色产业发展持续推进

实现绿色发展的重要途径之一就是调整优化产业结构，提高产业链水平。王一鸣（2021）研究测算，产业结构的调整优化对碳减排的贡献率已经超过了50%。近年来，我国在加快工业化进程的同时，也在大力推动产业结构的调整优化。2012年，我国的第三产业占比首次超过第二产业占比，成为经济增长的最大"引擎"。1978年，我国三次产业占比分别为27.7%、47.7%和24.6%；2022年，这一比重分别为7.3%、39.9%和52.8%。与1978年相比，第二产业比重降低了7.8个百分点，第三产业比重上升了28.2个百分点。从工业部门内部来看，冶金、石化、建材等传统产业都在加快淘汰过剩的落后产能，积极更新生产设备，提高生产技术水平以降低能耗和污染排放。例如，有色金属行业全面淘

---

① 数据来源于《中国能源统计年鉴2023》。
② 数据来源于《中国能源统计年鉴2021》。

汰落后的密闭鼓风炉、电炉、反射炉炼铜工艺及设备；水泥行业基本实现了新型干法水泥生产的全覆盖。此外，我国也在积极鼓励和支持生态环境产业、清洁能源产业以及节能环保产业等新兴绿色产业的发展，并且着重对基础设施进行绿色升级，以提高绿色服务水平。

（二）能源结构调整效果显著

多年来，我国的能源消费是以煤炭为主，能源结构不够合理。因此，调整能源结构、建立现代化的能源体系是实现绿色发展的前提。自"十一五"规划开始，我国就以单位 GDP 能耗水平作为约束性指标，用以推进工业、交通以及建筑等行业的节能降耗，收获了良好的成效，单位 GDP 能耗水平表现出逐年下降的态势。2022 年，每万元 GDP 的能耗约为 0.49 吨标准煤，相较于 2005 年约下降了 44.9%，年均下降 4.9%。[①] 能源结构也逐年优化，2005 年全国煤炭消费占一次能源消费的比重为 72.4%，2022 年这一比重下降至 56.2%。能源低碳转型持续深入，清洁能源的生产能力迅速增长，非化石能源消费所占比重也不断扩大。2022 年，光伏发电、水电、风电以及核电等清洁能源发电比 2021 年增长 8.5%，且新能源发电量首次突破 1 万亿千瓦时；非化石能源消费量占到能源消费总量的 17.5%，提高了 0.8 个百分点，我国已经成为全球范围内非化石能源使用的领军者。

（三）资源节约与循环经济取得新进展

绿色发展的重要标志就是资源节约与循环经济。2002 年，我国出台了《中华人民共和国清洁生产促进法》，该法案是我国第一部循环经济立法，标志着由末端治理转向全程控制的污染治理模式正式启动。自此以后，我国逐步加快了绿色循环经济和低碳经济的发展进程，实施建设用

---

① 数据来源于国家统计局发布的《中华人民共和国 2022 年国民经济和社会发展统计公报》《中华人民共和国 2005 年国民经济和社会发展统计公报》。

地、能源与水资源消耗等总量和强度双控行动，提高节地、节能、节水、节材和节矿标准。加强对重点行业、重点企业和重点项目节能减排的监管，大力推广企业循环式生产、园区循环式改造以及产业循环式组合的循环发展模式，同时推动传统的"资源—产品—废弃物"的线性增长模式向物资闭环流动的可持续发展模式转换。以此来推动资源节约和循环经济的发展，为绿色发展开辟出新的增长空间。

（四）绿色消费与绿色生活方式日趋流行

绿色消费是绿色发展的重要推动力。进入 21 世纪以来，我国开始大力推广绿色高效照明等节能产品，并加大对节能家电的补贴力度，鼓励民众购买节能、节水电器，同时加大对新能源汽车的推广力度，通过购车补贴、免购置税、免摇号等方式刺激新能源汽车市场的消费。根据国家发改委公布的数据，2012~2016 年，我国政府对节能（水）产品的采购规模已累计达到 7460 亿元，截至 2016 年底有超过 40 万种产品型号产值超过 2 万亿元的节能（水）产品获得了中国环境标志认证。2017 年，我国国内的高效节能电冰箱、空调、平板电视和洗衣机等四类家电的合计销量约为 1 亿台，销售额高达 4000 亿元，这些节能家电预计每年可节约 72 亿千瓦时的电量，这相当于减排了 0.8 万吨颗粒物、1 万吨氮氧化合物、1 万吨二氧化硫和 470 万吨二氧化碳。[①] 随着绿色发展理念的深入人心，各地都在积极开展创建绿色机关、绿色社区、绿色家庭、绿色餐厅等行动；倡导居民践行"光盘行动"，节约用水、用电；鼓励民众采用公共交通、共享单车、步行等绿色的方式出行；全面推进生活垃圾分类制度，提高垃圾无害化处理率和处理水平。绿色的生活方式不仅促进了绿色产品和绿色服务供给的增加，更是推动了绿色生产的进一步发展。

---

① 数据来源于《中国政府采购报》（第 754 期第 8 版）。

（五）绿色金融与绿色服务市场逐步壮大

绿色发展离不开绿色金融与绿色服务市场的支持。绿色金融可以有效地引导资金流入节约资源、绿色技术开发以及生态环境保护等产业，引导企业在开展生产经营的同时注重绿色环保，也能够引导消费者形成绿色消费的理念。2016 年 8 月，中国人民银行等七部门联合印发了《关于构建绿色金融体系的指导意见》，标志着绿色金融体系的构建有了完善的顶层设计。该意见指出，绿色金融是对环保、节能、清洁能源、绿色交通以及绿色建筑等领域的项目投融资、运营、风险管理等所提供的金融服务。2017 年 6 月，国务院批复同意在浙江等 5 个省份开展绿色金融改革创新试点，支持地方发展绿色金融。在绿色服务市场方面，我国正在积极探索用能权与碳排放交易制度。2021 年 10 月，中共中央、国务院印发了《关于完整准确全面贯彻新发展理念做好碳达峰碳中和工作的意见》，该意见指出，"推进市场化机制建设。依托公共资源交易平台，加快建设完善全国碳排放权交易市场，逐步扩大市场覆盖范围，丰富交易品种和交易方式，完善配额分配管理。将碳汇交易纳入全国碳排放权交易市场，建立健全能够体现碳汇价值的生态保护补偿机制。健全企业、金融机构等碳排放报告和信息披露制度。完善用能权有偿使用和交易制度，加快建设全国用能权交易市场。加强电力交易、用能权交易和碳排放权交易的统筹衔接。发展市场化节能方式，推行合同能源管理，推广节能综合服务"。绿色金融与绿色服务市场的发展壮大，既拓展了绿色发展的融资渠道，同时也丰富了绿色发展的市场化工具。

（六）绿色科技创新水平的进一步提升

科技创新作为推动绿色发展的重要措施，能够有效地提升资源的利用效率和集约化水平。改革开放后，随着我国国民收入的大幅提高，国家对科技创新的重视程度和投入力度均上升，并实施了"科教兴国"战略。2014年，我国的研发投入首次超越欧盟和日本，成为世界上第二大研发投入经济体，研发投入占全世界近1/4的比重。2022年，我国的研发投入高达30870亿元，首次突破3万亿元大关，与2021年相比增长了10.4%，且连续7年保持两位数的增长率。[①] 其中有关绿色科技创新的研发投入也保持了较高的增长幅度。高研发投入也带来了高效益的回报。中国环保产业协会的数据显示，2011~2020年，我国的环境技术发明专利申请总量约占全球环境技术发明专利申请总量的六成，是全球最积极布局环境技术创新的国家。这些绿色技术的发展和推广也为我国的绿色发展提供了战略支撑。

（七）污染防治力度不断加大

污染防治力度的不断加大也推动了我国的绿色转型发展。在"九五"期间，我国首次制定了《污染物排放总量控制计划》，正式将污染物总量控制纳入五年计划，并于"十一五"期间将其列为约束性指标。"十一五"规划纲要中提出了要将二氧化硫和化学需氧量两项主要污染物的排放总量减少10%的约束性指标。"十二五"规划中又进一步将氨氮和氮氧化物纳入实施总量控制的污染物范围，并提出氨氮、氮氧化物、二氧化硫以及化学需氧量四种主要污染物排放总量分别减少10%、10%、8%和8%的约束性指标。"十三五"期间，我国加强了生态环境立法工作，被称为"史上最严"的修订后的《环境保护法》颁布实施，制修订的生态环境法律法规多达17部。"十四五"以来，我国大力推动生态文明体制改革相关立法，进一步完善了生态环境违法行为的法律责任，并积极探索生态修复、连带赔偿等新型法律责任承担机制。2022年，全国339个地级及以上城市平均空气质量优良天数比例为86.5%，比2015年提高了9.8个百分点，自"十三五"以来，可比数据已实现"七连降"；重污染

---

① 数据来源于《人民日报》（2016年2月5日，第22版）。

及以上天数比例为0.9%，比2015年下降了2.3个百分点，且首次下降至1%以内。温室气体的排放水平也大幅降低，2022年我国单位GDP二氧化碳排放比2012年下降36.7%，非化石能源消费占比达到17.5%，相较于2012年提升了7.8个百分点。碳排放强度降低的同时，森林覆盖率有较大的提高。截至2022年底，我国的森林覆盖率达到了24.02%，森林蓄积量为194.93亿立方米，已经超额完成2025年的目标。地表水环境质量持续向好，2022年，全国地表水水质断面（点位）中，水质优良（Ⅰ~Ⅲ类）的断面比例达到了87.9%，比2016年上升了20.1个百分点，实现"十三五"以来"七连升"；劣质（Ⅴ类）的断面比例仅为0.7%，相较于2016年下降了6.9个百分点。环境污染防治力度的不断加大，不仅改善了生态环境质量，也为我国的绿色转型发展创造了有利的条件和环境。①

（八）绿色发展体制改革加快推进

推动我国绿色转型发展的关键在体制机制的完善。党的十八大以来，我国制度出台频度之密、监管执法尺度之严前所未有。国家相继出台了《关于加快推进生态文明建设的意见》和《生态文明体制改革总体方案》，并制定了40多项涉及生态文明建设的改革方案，确立了生态文明体制的"四梁八柱"。各项改革任务进展总体顺利，自然资源资产产权制度改革积极推进，空间规划体系改革试点全面启动，国土空间开发保护制度日益完善，资源有偿使用和生态补偿制度持续改进，资源总量管理和全面节约制度不断健全，环境治理体系改革力度不断加大，生态文明绩效评价考核和责任追究制度基本建立。特别是建立了中央生态环境保护督察制度，按照督查、交办、巡查、约谈、专项督察的程序，开展了两轮共计十批次中央生态环境保护督察，实现了31个省份全覆盖，并对重点区域、重点领域、重点行业进行专项督察。监管执法力度加大，落

① 数据来源于生态环境部通报、《中国能源革命进展报告》。

实环境保护"党政同责""一岗双责",强化追责问责,严肃查处违法案件,推动解决一大批突出环境问题。推进绿色发展体制改革,为绿色转型发展提供了更有效的制度保障。

二 中国绿色发展面临的困难及挑战

从理论上来说,绿色和发展、生态与经济可以实现共赢,但在实践中还是面临着诸多的挑战与困难,需要我们通过发展的转型升级来化解矛盾,从而实现人与自然的和谐发展。

(一) 工业污染物的集中排放

与欧美等先行工业化国家不同的是,我国的工业化进程时间较短且规模较大,各个种类的工业品生产规模在短时间内迅速扩张,因而具有显著的"挤压式"特征。"挤压式"工业化在助推我国成为"世界工厂"的同时,也导致了过量的污染物和废弃物的排放,造成了巨大的生态环境压力,增加了环境治理的成本。近年来,我国加快推进供给侧结构性改革,淘汰了一批高污染、高耗能的落后产能,促进了我国产业结构的优化升级。但这同时也在短时间内给就业带来了冲击,对下岗职工的社会保障和补助金等支出大幅增长,银行等金融机构也面临着破产企业的"坏账"等难题。

(二) 能源利用效率较低

虽然近年来我国的能源结构调整成效显著,但煤炭消费占一次能源消费的比重仍在半数以上。可以预见,在今后的一段时间内,煤炭将继续作为我国的主体能源。非化石能源的比重虽然在逐年提高,但在储存和输送等方面仍有待加强。此外,与部分发达国家相比,我国的能源利用效率也有待提高,根据经合组织提供的数据,2016 年我国的能源产出率约为德国的 57%、日本的 59%、美国的 84%。经合组织成员国平均每排放 1 吨二氧化碳可以产生 4240 美元的经济价值，而我国的这一数值为 2150 美元，约为经合组织的 1/2。从全要素生产率来看，在过去的 20 多年中，经合组织国家的全要素生产率增长对经济增长的贡献率超过了 60%，而我国的这一贡献率不足 30%。[①]

（三）产业结构调整与价值链提升任重道远

改革开放 40 余年以来，我国的产业结构不断优化升级，第三产业比重由 1978 年的 24.6% 增长至 2022 年的 52.8%。而我国的第二产业所占比重长期达到 40% 以上，2011 年之后虽略有下降，但 2022 年仍然接近 40%，较其他新兴经济体而言仍处于相对较高的水平。2010 年，中国超越美国成为世界第一制造大国。根据工信部公布的最新数据，我国制造业已经连续 13 年居于首位，且在 2022 年我国制造业增加值占全球比重近 30%。近年来，我国制造业加快迈向全球价值链高端的步伐，出口产品也逐步向中高端产品转变。但与欧美等工业发达国家相比，我国在基础制造能力、关键技术研发、工艺流程创新等方面仍然存在着一定的差距。

（四）生态环境治理压力较大

随着我国对生态环境保护力度的不断加大以及企业、居民环保意识的不断提高，部分污染物的排放已经跨越峰值稳步步入下降通道，但总体排放规模仍处于较高水平，生态环境的保护和治理仍面临着巨大的压力。根据国家统计局和国家能源局数据，我国的城镇化水平每提高 1 个百分点，就会增加 1000 平方公里的建设用地、8000 万吨标准煤的能源消费、12 亿吨的生活用水、11.5 亿吨的生活污水以及 1200 万吨的生活垃圾。土壤环境状况总体不容乐观，部分地区的土壤污染问题较为严重，

---

① https：//data. oecd. org/energy/primary-energy-supply. htm.

耕地土壤环境质量堪忧，工矿企业的废弃用地土壤环境问题也比较突出。主要流域水质保护工作取得了一定的成效，但湖泊水质污染和地下水污染的治理仍需加强。空气质量整体持续稳中向好，但形势依然复杂。近年来，我国主要城市的可吸入颗粒物浓度呈现下降的趋势，但季节性波动较大。

第二节　中国区域间绿色发展效率的测算

一　绿色发展效率的测算方法

（一）DEA-SBM 模型

效率分析一直是经济学研究的热门话题之一。1928 年，柯布和道格拉斯在假设不存在无效率的情况下，通过构建不同参数形式的生产函数和成本函数来研究平均投入与产出之间的关系，而实际产出与最优产出之间的比率即为效率。绿色发展效率则是在研究人与自然和谐共生的背景下所提出的概念。现如今，绿色发展效率已成为衡量绿色经济发展的重要指标之一，能够很好地兼顾经济增长的效率性和生态环境的合理性。现有研究中测算绿色发展效率的方法主要有数据包络分析法（DEA）和随机前沿分析法（SFA）两种。而 DEA 在使用时无须提前设置好生产函数的形式，因而在评价绿色发展效率时独具优势（吴延兵，2008），应用也更为广泛。基于不同的模型设定，DEA 又可以细分为不同的模型，部分学者直接使用传统的 DEA 模型测算绿色发展效率（吴传清、宋筱筱，2018），也有部分学者考虑到绿色发展的内涵，采用包含非期望产出的 DEA-SBM 模型（郭付友等，2022）、窗口 DEA 模型（黄杰，2018）等测算绿色发展效率。考虑到测算结果的准确性和数据的可得性，本书使用包含非期望产出的 DEA-SBM 模型测算我国 30 个省份的绿色发展效率。这里将每个省份看作一个生产决策单元（DMU），假设每个省份的投入向量为 $x \in R^m$，期望产出向量为 $y^g \in R^{S_1}$，非期望产出向量为 $y^b \in R^{S_2}$，那么我国各省份的投入、产出矩阵为：

$$X = \left[x_1, x_2, \cdots, x_n \right] \in R^{m \times n}$$
$$Y^g = \left[y_1^g, y_2^g, \cdots, y_n^g \right] \in R^{S_1 \times n}$$
$$Y^b = \left[y_1^b, y_2^b, \cdots, y_n^b \right] \in R^{S_2 \times n} \tag{5-1}$$

其中，$x_i > 0$，$y_i^g > 0$，$y_i^b > 0$。

生产单元可能性集合为：

$$P = \left\{ x, y^g, y^b \mid x \geqslant X\lambda, y^g \leqslant Y^g\lambda, y^b \geqslant Y^b\lambda, \lambda \geqslant 0 \right\}$$

Tone（2001）提出的非径向、非导向的 DEA-SBM 模型如下所示：

$$\rho^* = \min \frac{1 - \dfrac{1}{m} \sum_{i=1}^{m} \dfrac{S_i^-}{x_{i0}}}{1 + \dfrac{1}{S_1 + S_2} \left(\sum_{r=1}^{S_1} \dfrac{S_r^g}{y_{r0}^g} + \sum_{r=1}^{S_2} \dfrac{S_r^b}{y_{r0}^b} \right)}$$

$$\text{s.t.} \begin{cases} x_0 - \sum_{j=1}^{n} \lambda_j x_j - S^- = 0 \\ \sum_{j=1}^{n} \lambda_j y_0^g - y_0^g - S^g = 0 \\ y_0^b - \sum_{j=1}^{n} \lambda_j y_j^b - S^b = 0 \end{cases} \tag{5-2}$$

其中，$\lambda \geqslant 0$，$S^- \geqslant 0$，$S^g \geqslant 0$，$S^b \geqslant 0$。

式（5-2）中，λ 表示权重，S^- 对应的是投入要素的松弛向量，S^g 对应的是期望产出的松弛向量，S^b 对应的则是非期望产出的松弛向量，ρ^* 表示的是考虑非期望产出时各决策单元的绿色发展效率。需要注意的是，如若是规模报酬可变，则需要加上约束条件 $\sum_{j=1}^{n} \lambda_j = 1$。

（二）GML 指数分解模型

ML 指数作为非期望产出与 Malmquist 指数的结合体，常被用于绩效评价当中。虽然 ML 指数的应用十分广泛，但是随着研究的日渐深入，由 ML 指数计算得出的结果可能会存在线性无解和不可传递等缺陷。为了解决这些缺陷，本书进一步采用了 Oh（2009）改进的加入了全球技术的 GML（Global Malmquist-Luenberger）指数。GML 指数仍然可以通过技术效率指数和技术进步指数两个方面来分析具体的效率情况，具体的模型如式（5-3）所示。

$$
\begin{aligned}
GML^{t,t+1}(x^t,y^t,b^t,x^{t+1},y^{t+1},b^{t+1}) &= \frac{1+D^G(x^t,y^t,b^t)}{1+D^G(x^{t+1},y^{t+1},b^{t+1})} \\
&= \frac{1+D^t(x^t,y^t,b^t)}{1+D^{t+1}(x^{t+1},y^{t+1},b^{t+1})} \times \frac{\dfrac{1+D^G(x^t,y^t,b^t)}{1+D^t(x^t,y^t,b^t)}}{\dfrac{1+D^G(x^{t+1},y^{t+1},b^{t+1})}{1+D^{t+1}(x^{t+1},y^{t+1},b^{t+1})}} \\
&= EC^{t,t+1} \times TC^{t,t+1}
\end{aligned} \tag{5-3}
$$

式（5-3）中，$GML^{t,t+1}$ 表示第 t 期至第 $t+1$ 期的绿色发展效率变动情况，比较其与数值 1 的大小来对比判断绿色发展效率。当 $GML^{t,t+1}$ 大于 1 时，说明第 $t+1$ 期的绿色发展效率高于第 t 期的绿色发展效率，即表明在第 t 期至第 $t+1$ 期时间段内绿色发展效率有所提升；反之，当 $GML^{t,t+1}$ 小于 1 时，表明第 $t+1$ 期的绿色发展效率低于第 t 期的绿色发展效率，即该时间段内的绿色发展效率有所降低。D^G、D^t、D^{t+1} 则分别表示依赖全局生产可能性集合的方向性距离函数和第 t 期、第 $t+1$ 期的方向性距离函数。借助式（5-3），可以将 $GML^{t,t+1}$ 分解为技术效率指数（$EC^{t,t+1}$）和技术进步指数（$TC^{t,t+1}$）。与 $GML^{t,t+1}$ 相类似，$EC^{t,t+1}$ 和 $TC^{t,t+1}$ 也可以通过与数值 1 比较大小来确定决策单元的变化情况。当 $EC^{t,t+1}$ 大于 1 时，表明技术效率有所提升；当 $EC^{t,t+1}$ 小于 1 时，表明技术效率有所下降。当 $TC^{t,t+1}$ 大于 1 时，意味着决策单元的技术有所进步；当 $TC^{t,t+1}$ 小于 1 时，意味着决策单元的技术有所退步。

（三）指标体系与数据说明

1. 投入与产出指标

绿色发展效率指标体系的构建不仅要考虑到投入与产出要素配置的效率问题，还需要考虑到资源消耗与环境污染等问题，以顺应生态文明建设与绿色发展的要求。而保证绿色发展效率测度准确性的首要前提就是构建科学合理的投入与产出指标。结合我国的发展现状，本书分别从要素投入、经济效益、环境影响三个方面构建如下评价指标。

（1）投入变量

在现有研究中，多数学者将投入变量设定为资本、能源和劳动力，但随着科学技术的不断进步，科技也日益成为重要的投入变量（田亚鹏、柳晓艺，2021）。因此，本书选取资本投入、能源投入、劳动力投入以及科技投入作为投入变量。资本投入用资本存量来表示，由于资本存量无法直接从统计年鉴中获取，本书借鉴张军等（2004）和单豪杰（2008）的研究方法，采用永续盘存法来估算资本存量。具体计算公式为 $K_t = K_{t-1} \times (1 - \sigma) + I_t$，$K_t$ 表示 t 年的资本存量；K_{t-1} 表示 $t-1$ 年的资本存量；σ 为折现率，本书借鉴张军等（2004）的研究，选取的折现率为 9.6%；I_t 表示 t 年的固定资产投资形成总额，并通过固定资产投资价格指数将固定资产投资总额平减为 2000 年可比价。能源投入需要反映各个地区经济发展的方方面面，因此选取各地的电力消费量来表示能源投入（田亚鹏、柳晓艺，2021）。劳动力投入从理论上来说应该用参与生产的劳动者所付出的实际劳动时间来衡量，但目前我们无法获取相关数据，因此借鉴郑德凤等（2018）和藏媛（2019）的研究，采用就业人数来衡量劳动力投入。科技投入则参照田光辉等（2022）和张艳等（2022）的研究，采用科学技术支出来表征。

（2）期望产出

期望产出即正向的经济效益，主要为生产的产品和服务所转化出的经济价值。本书选择各省份的生产总值来全面衡量期望产出情况，并以2000年为基期，采用GDP指数将各省份各年份的名义GDP转换为实际GDP。

（3）非期望产出

非期望产出主要是指经济发展过程中所带来的负向的环境影响，主要包括工业"三废"的排放（任宇飞等，2017）。但由于工业固体废弃物排放的数据缺失过多，为了保证测算的准确性，本书仅选取工业二氧化硫排放量和工业废水排放量作为非期望产出的衡量指标。

按照数据包络分析法选取指标的一般性原则，即投入与产出指标数量的总和应当小于或等于决策单元数量总和的1/3，考虑到部分指标数据的可得性，本书构建的我国区域间绿色发展效率评价指标体系如表5-1所示。

表5-1 我国区域间绿色发展效率评价指标体系

一级指标	二级指标	三级指标	指标变量
投入指标	投入变量	资本投入	资本存量(亿元)
		能源投入	电力消费量(亿千瓦时)
		劳动力投入	就业人数(万人)
		科技投入	科学技术支出(万元)
产出指标	期望产出	经济产出	实际GDP(亿元)
	非期望产出	污染排放	工业二氧化硫排放量(万吨)
			工业废水排放量(万吨)

2. 数据说明

本书选取我国30个省份2004~2021年的投入和产出数据来对绿色发展效率进行测算。数据主要来源于历年的《中国统计年鉴》和《中国区域经济统计年鉴》以及国家统计局官方网站和 EPS 全球统计数据分析平台。在本书中，根据数据的可得性与可靠性，所获取的样本数据仍存在少量的缺失值。根据指标的具体情况及缺失值的特点，本书采用线性插值法和移动平均法进行估算和补充。

二 绿色发展效率的测算结果

（一）我国绿色发展效率的整体情况

由于各地区的经济发展条件不相同，因此本书参考谢秋皓和杨高升（2019）的研究，采用规模报酬可变对模型进行生产技术约束。在具体测算结果中，当绿色发展效率等于 1 时，表示该地区的绿色发展水平处于生产前沿面上，绿色发展水平较高；当绿色发展效率小于 1 时，表明该地区的绿色发展存在冗余，有资源浪费和环境污染的现象；当绿色发展效率随着时间的变化而不断上升时，表明该地区的绿色发展水平也在不断提高。表 5-2 和表 5-3 是 2004~2021 年我国绿色发展效率平均值和四大经济区域绿色发展效率平均值。

表 5-2　2004~2021 年我国绿色发展效率平均值

年份	平均值	年份	平均值
2004	0.782	2013	0.513
2005	0.750	2014	0.528
2006	0.739	2015	0.535
2007	0.533	2016	0.612
2008	0.564	2017	0.723
2009	0.535	2018	0.705
2010	0.529	2019	0.670
2011	0.524	2020	0.647
2012	0.517	2021	0.632

资料来源：笔者根据前文数据和方法测算得出。

表 5-3　2004~2021 年四大经济区域绿色发展效率平均值

区域	平均值	区域	平均值
东部地区	0.795	西部地区	0.436
中部地区	0.567	东北地区	0.737

资料来源：笔者根据前文数据和方法测算得出。

　　从宏观角度来分析，2004~2021 年我国省际绿色发展效率平均值为 0.613，尚未达到生产前沿水平，仍有约 40%的进步空间。从时间维度上来分析，2004~2021 年我国绿色发展效率总体呈现先下降后上升的发展态势。由 2004 年的 0.782 下降至 2013 年的 0.513，表明前期粗放式的经济发展模式给生态环境带来了过多的压力，阻碍了我国的绿色发展进程，并且我国的产业结构与能源结构并未在实质上进行优化，导致所面临的生态环境挑战越发严峻。2013 年后，我国的绿色发展效率开始上升，由 0.513 上升至 2021 年的 0.632。

　　从中观角度来分析，我国的绿色发展效率呈现"东部地区>东北地区>中部地区>西部地区"的态势，且东部地区的绿色发展效率远高于中部地区和西部地区，这与钟优慧等（2024）的研究结论相一致。这也表明了东部地区在兼顾经济发展与财富增长的同时，也注重资源利用效率的提升和生态环境的保护，在城镇化发展进程中率先实现了低污染、低耗能与高效益。东北地区的绿色发展效率略低于东部地区，且总体上实现了绿色发展效率的提高。而中部、西部地区的绿色发展效率分别为 0.567 和 0.436。

　　从微观角度来分析，我国的省际绿色发展并不均衡。以绿色发展效率平均值较高的 2017 年为例，我国的北京、天津、河北、内蒙古、吉林、黑龙江、上海、浙江、福建、山东、湖南、广东以及海南 13 个省份达到生产前沿水平，占全国的比重为 43.33%。其中，北京、广东以及天津三地 18 年间均稳定处于较高的绿色发展水平；而宁夏、青海以及贵州的绿色发展水平相对较低，18 年间的绿色发展效率平均值分别为 0.243、0.283 和 0.302。京津冀地区、江浙沪地区以及珠三角地区的绿色发展水平较高，这也在一定程度上说明财富水平的提高能够降低环境污染水平，提高资源利用效率，带动绿色发展效率的提升。

（二）我国绿色发展效率要素冗余度分析

为了进一步深入探究各省份绿色发展效率相对较低的原因，本书采用 DEA 有效前沿的分析方法，对各省份绿色发展的要素投入与非期望产出冗余度进行测算。在当前的投入与产出比例下，如果要素投入过少（或过剩），期望产出不足，或者非期望产出过多，都会给绿色发展效率的提升带来不利影响。在区域绿色发展效率无效的情况下，要素冗余量主要是指理论有效率的目标投入量（或产出量）与实际投入量（或产出量）的差的绝对值（毛学锋，2022）。依据实际投入量、产出量与冗余量，可以计算得出要素投入冗余度和非期望产出冗余度，具体的计算公式如式（5-4）和式（5-5）所示：

$$IE_x = \frac{s_i^-}{x_{ij}} \qquad\qquad (5-4)$$

$$IE_u = \frac{s_z^{b-}}{b_{zj}} \qquad\qquad (5-5)$$

式（5-4）和式（5-5）中，IE_x 表示的是投入冗余度，s_i^- 代表投入冗余量，x_{ij} 为实际投入量；IE_u 表示的是非期望产出冗余度，s_z^{b-} 代表非期望产出冗余量，b_{zj} 为实际的非期望产出量。投入冗余度越大，表明该地区减少相应数量的投入能够提高其绿色发展效率；而非期望产出冗余度越大，则表明在现有投入的条件下，非期望产出越多，绿色发展效率越低。通过对各个指标冗余度的大小进行分析，可以清晰地看出对应的省份的绿色发展在哪些方面存在投入的相对不合理以及非期望

产出偏高等问题。由于分年份的冗余度数据过多，本书进一步测算了
2004~2021 年 18 年间的冗余度平均值，具体的测算结果如表 5-4
所示。

表5-4 2004~2021 年各省份绿色发展要素投入与产出冗余度、不足度平均值

单位：%

指标	要素投入冗余度				期望产出不足度	非期望产出冗余度	
	资本	劳动力	能源	科技	经济产出	工业二氧化硫	工业废水
平均值	12.45	35.80	27.50	25.56	0.00	49.34	46.89

资料来源：笔者根据前文数据和方法测算得出。

从要素投入冗余度来看，我国 30 个省份整体的劳动力投入冗余度
最高（平均达到 35.80%，最高达到 73.12%），说明我国的劳动力利
用效率还处于较低的水平。这可能是由于随着城市化进程的加快，大
量的人口涌入城市，导致人口基数过大，劳动力供给大于需求，经济
收益降低（刘紫娟，2022）。如果想要劳动力达到最优配置目标，平
均需要减少 35.80% 的劳动力投入。能源投入的冗余度排在第二位，
平均而言，各省份若想要达到绿色发展的前沿水平，需要减少
27.50% 的能源投入，在我国绿色发展的进程中，资源浪费问题仍然较
为突出。在大多数经济发展水平较高的省份，高耗能、高污染企业占
据较大的比例，因此为了减少能源投入的冗余量，应当对相关产业进
行绿色升级改造，进一步提升对煤炭、石油以及电力等各类能源的利
用效率。此外，科技投入的平均冗余度在 25% 以上，这说明科技投入
的利用效率也并未达到生产前沿水平，平均需要减少 25.56% 的科技
投入。资本投入的冗余度最低（平均达到 12.45%，最高达到
48.31%），这意味着绿色经济发展进程中通过资本投入来扩大生产经

营规模和提高绿色发展效率的能力有限，需要避免盲目扩大投资，依据冗余度来减少资本投入，实现资本的最优配置目标。从期望产出不足度来看，总体上，各省份的经济产出不足度均为0%，地区的经济产出主要依赖要素资源投入，虽然要素资源投入存在一定的冗余，但基本实现了期望产出的最大化。从非期望产出冗余度来看，工业二氧化硫排放量和工业废水排放量的冗余度均比较高，平均分别达到49.34%和46.89%，最高甚至达到87.42%和75.58%。这说明地区经济发展过程中所产生的工业污染排放问题比较严重，影响了地区绿色发展效率的提升。

　　为了便于比较和分析，本书进一步选取了绿色发展效率排名靠前的3个省份和排名靠后的3个省份，分别称为高、低效率地区。观察结果可以发现，无论是高效率地区还是低效率地区，均不存在期望产出不足的情况，主要存在要素投入的冗余和非期望产出的冗余。以北京为例，绝大多数年份的期望产出与非期望产出已经达到有效水平，部分年份未达到有效水平主要是由于工业二氧化硫排放量的冗余。平均而言，北京可以通过减少约0.42%的劳动力投入、约0.30%的能源投入、约0.55%的科技投入以及约6.56%的工业二氧化硫排放量和约0.27%的工业废水排放量即可达到有效水平。而低效率地区当中，各部分要素投入和非期望产出的冗余度都比较高。例如，宁夏单是能源投入的冗余度就高达80.55%，非期望产出的冗余度也分别高达80.60%、59.45%，资源的利用效率较低，生态环境压力较大，表现出高污染、高能耗的典型特征，绿色转型发展迫在眉睫。

　　总体而言，大多数绿色发展效率没有达到有效水平的省份，主要存在劳动力、能源等要素投入过量、利用效率过低等问题。与此同时，绿色发展效率偏低的省份非期望产出也存在较大的冗余。因此，通过减少要素投入，提高资源的利用效率，坚持增长、扩绿、减污同步推进，才是提高我国绿色发展效率的有力措施。

第三节　中国区域间绿色发展效率的时空演变特征

一　我国绿色发展效率的动态分析

为了进一步探究我国各省份绿色发展效率在 2004～2021 年的动态演变特征，对绿色发展效率在样本区间内的变化趋势进行比较，具体测算出我国的 GML 指数，并将其分解为技术效率指数（EC）和技术进步指数（TC）。

（一）我国绿色发展效率的动态演变分析

1. GML 指数分析

表 5-5 展示了 2004～2021 年我国绿色发展效率在不同年份区间的 GML 指数及其分解项。由测算结果可以看出，2004～2021 年全国 GML 指数平均值为 1.0015，表明全国绿色发展效率总体上呈现略微上升的趋势，上升幅度约为 0.15%。分年份来看，GML 指数平均值围绕 1.0 上下波动，总体呈现先下降后上升的波动趋势，这说明我国的绿色发展效率受到众多不确定因素的影响，对外界动荡因素的敏感性较高，整体上尚未呈现持续稳定的发展趋势。

2. EC 和 TC 分析

从 GML 指数的分解项来看，2004～2021 年技术效率指数（EC）的平均值为 1.0016，增长率为 0.16%；技术进步指数（TC）的平均值为 1.0024，增长率为 0.24%。二者均在 1.0 附近小幅波动，变化较为平缓。从整体情况来看，技术效率和技术进步均是推动绿色发展效率提高的主导因素，即可以通过提高各种要素投入的利用效率和提高技术发展水平来提高绿色发展效率，实现向生产前沿面的外扩。针对不同的年份而言，技术效率与技术进步对绿色发展效率提升的促进作用各有不同。这也意味着要进一步提高绿色发展效率，除了要重视技术效率的提升之外，也要考虑到技术进步的程度。

表 5-5　2004~2021 年我国绿色发展效率 GML 指数及其分解项

区域	年份区间	GML	EC	TC
全国	2004~2005	0.9883	0.9927	0.9961
	2005~2006	1.0035	1.0154	0.9889
	2006~2007	0.9363	0.9962	0.9401
	2007~2008	0.9955	0.9997	0.9959
	2008~2009	0.9788	1.0099	0.9791
	2009~2010	0.9798	0.9957	0.9909
	2010~2011	0.9934	1.0057	0.9956
	2011~2012	0.9932	0.9994	0.9946
	2012~2013	0.9883	0.9952	0.9933
	2013~2014	1.0036	1.0040	1.0005
	2014~2015	1.0176	1.0092	1.0128
	2015~2016	1.0408	1.0035	1.0413
	2016~2017	1.0327	0.9910	1.0445
	2017~2018	1.0016	0.9990	1.0033
	2018~2019	0.9972	1.0011	0.9958
	2019~2020	1.0188	0.9983	1.0208
	2020~2021	1.0569	1.0111	1.0472
	平均值	1.0015	1.0016	1.0024

资料来源：笔者根据前文数据和方法测算得出。

（二）我国 30 个省份绿色发展效率的动态演变分析

如表 5-6 所示，2004~2021 年我国 30 个省份中有 17 个省份的绿色发展效率 GML 指数平均值大于等于 1，表明这些省份的绿色发展效率总体上进步比较明显或基本维持了现状；其余省份的绿色发展效率则呈现负向增长的趋势。

表 5-6 2004~2021 年 30 个省份绿色发展效率 GML 指数及其分解项

决策单元	GML	EC	TC
北京	1.0000	1.0000	1.0000
天津	1.0000	1.0000	1.0000
河北	1.0022	1.0000	1.0022
山西	0.9830	1.0000	0.9830
内蒙古	1.0019	1.0000	1.0019
辽宁	1.0096	1.0065	1.0049
吉林	1.0066	1.0044	1.0024
黑龙江	1.0016	1.0005	1.0010
上海	1.0001	1.0000	1.0001
江苏	0.9975	1.0005	0.9977
浙江	1.0048	1.0032	1.0019
安徽	0.9796	0.9840	0.9960
福建	1.0008	1.0000	1.0008
江西	0.9842	1.0000	0.9842
山东	1.0013	1.0000	1.0013
河南	1.0025	1.0007	1.0022
湖北	0.9884	0.9903	1.0023
湖南	1.0002	1.0000	1.0002
广东	1.0002	1.0000	1.0002
广西	0.9959	0.9939	1.0119
海南	1.0011	1.0000	1.0011
重庆	1.0010	1.0000	1.0010
四川	1.0067	1.0079	0.9996
贵州	0.9915	1.0229	0.9737
云南	0.9905	0.9899	1.0022
陕西	0.9935	0.9955	1.0029
甘肃	0.9913	1.0020	0.9909
青海	0.9796	0.9751	1.0066
宁夏	0.9860	0.9618	1.0201
新疆	0.9873	1.0084	0.9880

资料来源：笔者根据前文数据和方法测算得出。

二 我国绿色发展效率的空间演变分析

(一) 我国各区域绿色发展效率空间演化分析

为了更清晰地展示我国 30 个省份绿色发展效率的空间演变特征,本书选取了 2004 年、2012 年以及 2021 年作为时间断面,根据前文中测算的绿色发展效率,将其进一步细分为三个等级,依次为绿色发展低效率(小于等于 0.5)、绿色发展中效率(大于 0.5 且小于等于 0.8)和绿色发展高效率(大于 0.8),并借助 ArcGIS 10.8 软件对其进行空间表达。

由测算结果可以看出,我国绿色发展效率总体上呈现"高-低-高"的发展态势,即"U"形发展态势。这在一定程度上与"环境库兹涅茨曲线"相契合,即前期粗放式的经济发展模式导致整体的绿色发展效率处于下降的态势,随着人们生态环境保护意识的增强和经济发展模式的及时调整,绿色发展效率也由下降转为上升趋势。具体来看,2004 年,绿色发展高效率的地区主要集中于东部地区和中部地区,西部地区则大多处于绿色发展中效率和低效率。而到了 2012 年,绿色发展低效率地区占据了主导地位,仅有北京、天津、广东和黑龙江达到了绿色发展高效率水平,湖北、湖南、四川以及东部沿海大部分地区处于绿色发展中效率水平。2021 年,随着我国整体绿色发展效率的提升,绿色发展高效率地区的数量也在逐渐增多,东部沿海大部分地区和部分中部省份又重新步入绿色发展高效率地区的行列。

(二) 我国绿色发展效率的空间自相关分析

1. 全局自相关分析

本书按照第四章中所述的空间自相关检验的一系列方法,首先对各地区的绿色发展效率进行全局自相关检验,采用全局莫兰指数评估其空间关联水平。表 5-7 和表 5-8 分别展示了以地理邻接矩阵作为空间权重矩阵和以地理距离矩阵作为空间权重矩阵的绿色发展效率全局自相关检验结果。其中，I 值表示的是莫兰指数，E 值表示的是莫兰指数的期望值，z 值表示 z 得分，p 值表示其显著性水平。由表 5-7 可知，各地区绿色发展效率的空间相关性除 2014 年在 5% 的水平下显著以外，其余年份均在 1% 的水平下显著，且莫兰指数均为正，z 得分均大于 2。这表明我国各地区的绿色发展效率在地理邻接矩阵分布上具有显著的正向空间集聚效应。同时可以注意到，2004~2014 年莫兰指数呈现波动下降的趋势，2014 年之后有所回升。总体而言，我国各地区绿色发展效率的空间集聚效应呈现下降的趋势。由表 5-8 可知，以地理距离矩阵作为空间权重矩阵的检验结果与地理邻接矩阵类似，莫兰指数均为正，且均在 1% 的水平下显著，即存在显著的正向空间集聚效应。因此，在对我国各地区的绿色发展效率进行分析时，应当充分考虑其空间特性。

表 5-7　2004~2021 年地理邻接矩阵下绿色发展效率的全局自相关检验结果

年份	地理邻接矩阵				
	I 值	E 值	标准差	z 值	p 值
2004	0.471	-0.034	0.125	4.049	0.000
2005	0.411	-0.034	0.125	3.564	0.000
2006	0.427	-0.034	0.125	3.693	0.000
2007	0.375	-0.034	0.121	3.379	0.001
2008	0.329	-0.034	0.122	2.980	0.003
2009	0.331	-0.034	0.120	3.036	0.002
2010	0.351	-0.034	0.120	3.204	0.001
2011	0.329	-0.034	0.120	3.025	0.002
2012	0.286	-0.034	0.121	2.647	0.008
2013	0.278	-0.034	0.122	2.573	0.010
2014	0.249	-0.034	0.121	2.340	0.019
2015	0.389	-0.034	0.121	3.494	0.000
2016	0.338	-0.034	0.124	2.996	0.003
2017	0.335	-0.034	0.126	2.935	0.003
2018	0.350	-0.034	0.126	3.058	0.002

续表

年份	地理邻接矩阵				
	I 值	E 值	标准差	z 值	p 值
2019	0.372	-0.034	0.126	3.241	0.001
2020	0.388	-0.034	0.125	3.369	0.001
2021	0.397	-0.034	0.125	3.450	0.001

表 5-8　2004~2021 年地理距离矩阵下绿色发展效率的全局自相关检验结果

年份	地理距离矩阵				
	I 值	E 值	标准差	z 值	p 值
2004	0.102	-0.034	0.034	4.067	0.000
2005	0.097	-0.034	0.034	3.918	0.000
2006	0.113	-0.034	0.034	4.397	0.000
2007	0.065	-0.034	0.033	3.062	0.002
2008	0.054	-0.034	0.033	2.681	0.007
2009	0.067	-0.034	0.032	3.132	0.002
2010	0.072	-0.034	0.032	3.288	0.001
2011	0.070	-0.034	0.032	3.228	0.001
2012	0.060	-0.034	0.033	2.900	0.004
2013	0.061	-0.034	0.033	2.923	0.003
2014	0.054	-0.034	0.033	2.712	0.007
2015	0.139	-0.034	0.033	5.308	0.000
2016	0.090	-0.034	0.033	3.705	0.000
2017	0.085	-0.034	0.034	3.531	0.000
2018	0.092	-0.034	0.034	3.754	0.000
2019	0.102	-0.034	0.034	4.039	0.000
2020	0.107	-0.034	0.034	4.208	0.000
2021	0.110	-0.034	0.034	4.301	0.000

2. 局部自相关分析

根据前文中的全局自相关分析结果，可以发现全国范围内的绿色发展效率确实存在空间集聚效应，但全局自相关分析并不能得出各省份之间具体的空间关联程度，因此，需要借助局部莫兰指数和局部莫兰散点图来具体分析。① 由以地理邻接矩阵作为空间权重矩阵所得出的局部莫兰散点图可以看出，2004 年、2021 年我国各省份的绿色发展效率均存在明显的空间集聚效应，并且主要分布于第一象限和第三象限，即呈现高高集聚型和低低集聚型。进一步分析可以发现，相比 2004 年，2021 年的空间集聚水平有所下降，表现为局部莫兰散点图中的各省份分布更加分散。由以地理距离矩阵作为空间权重矩阵所得出的局部莫兰散点图可以发现，2004 年、2021 年我国各省份的绿色发展效率同样存在明显的空间集聚效应，也同样主要分布于第一象限和第三象限，且呈现更加分散的趋势。

因此，从全局和局部来看，绿色发展效率均存在显著的且较强的空间关联特征。

---

① 因篇幅限制，莫兰散点图结果没有展示，如需要可向笔者索取。

| 第六章 |

财富水平影响区域绿色发展效率的
实证检验

第一节 模型设定、变量选取与数据来源

一 模型设定

（一）基准模型（OLS）的设定

本书第四章、第五章分别对我国 30 个省份的财富水平和绿色发展效率进行了测算，并且分区域对其进行了整体和静动态分析。本部分以各省份的绿色发展效率（GTE）作为被解释变量；以 30 个省份的财富水平（wealth）作为解释变量，并且引入财富水平的二次项来验证我国区域间的财富水平与绿色发展效率之间是否存在正"U"形关系，即验证我国是否符合环境库兹涅茨曲线；以对外开放水平、科技发展水平、城镇化水平、研发投入水平以及产业结构发展水平等作为解释变量，建立如下面板模型：

$$GTE_{it} = \beta_0 + \beta_1 wealth_{it} + \beta_2 wealth_{it}^2 + \beta_3 fdi_{it} + \beta_4 \ln patents_{it} + \\ \beta_5 urban_{it} + \beta_6 \ln tech_{it} + \beta_7 industrial_{it} + \mu_i + \lambda_t + \varepsilon_{it}$$ (6-1)

式（6-1）中，β_0 为截距项，β_1 表示财富水平对绿色发展效率的影响，若 β_1 显著为正，则表明财富水平的提高能够显著促进绿色发展效率的提升。β_2 表示财富水平的二次项对绿色发展效率的影响，若 β_2 显著且与 β_1 的符号相反，则表明财富水平与绿色发展效率之间存在非线性关系，可以采用 U 检验进一步验证。对外开放水平（fdi）、科技发展水平（$\ln patents$）、城镇化水平（$urban$）、研发投入水平（$\ln tech$）以及产业结构发展水平（$industrial$）为控制变量，β_3 至 β_7 为各控制变量的回归系数。μ_i 为地区固定效应，λ_t 为时间固定效应，ε_{it} 为随机扰动项。

（二）受限因变量模型（Tobit）的设定

在已有的关于区域绿色发展效率的研究中，部分学者认为 DEA-SBM 模型所测度出来的绿色发展效率在 0~1，并且在 DEA 的有效前沿上有多个决策单元的绿色发展效率同时为 1。因此存在多个样本在一个特定的区间内都成为一个限制值，在这种情况下采用普通最小二乘法（OLS）估计的参数可能会有偏差，无法得到一致的估计量（王艳等，2020；刘紫娟，2022；田光辉等，2022）。故而本书借鉴上述学者的做法，构建基于受限因变量的 Tobit 模型，对我国区域间财富水平对绿色发展效率的影响进行实证分析。

1. Tobit 模型介绍

在进行回归时，连续型的被解释变量有时候会因为"截断"（Truncated）或者"截堵"（Censored）而只能选取一定范围，这会导致估计参数有所偏差和估计量不一致等问题。Davidson 和 MacKinnon（2004）定义如果一些观测值被系统地从样本中剔除，则称为"截断"；而没有观测值被剔除，但是有部分观测值被限制在某个点上，则称为"截堵"。二者统称为"受限因变量"，与二者相对应的分别为"截断回归模型"（Truncated Regression Models）和"截堵回归模型"（Censored Regression Models）。在部分文献中，后者也被称作"归并回归模型"或"审查回归模型"。受限因变量模型还可具体划分为左侧受限、右侧受限和双侧受限，在本书中，由 DEA-SBM 模型所测度出来的各省份的绿色发展效率在 0~1，则属于双侧受限的情形。

2. Tobit 模型设定

对于截堵数据，当左侧受限点为 0、右侧受限点为 1 时，Tobit 模型设定如下：

$$y_{it}^* = x_{it}'\beta^{\mathrm{T}} + \mu_{it} \quad \mu_{it} \sim \mathrm{N}(0,\sigma^2) \qquad (6-2)$$

$$y_{it} = \begin{cases} y_{it}^*, y_{it}^* > 0 \\ 0, y_{it}^* \leqslant 0 \end{cases} \qquad (6-3)$$

式（6-2）和式（6-3）中，y_{it} 表示被解释变量，即地区 i 在 t 年的绿色发展效率，x 表示解释变量，随机干扰项 μ_{it} 服从均值为 0、方差为 σ^2 的正态分布，β^{T} 表示待估参数。

参照基准模型中被解释变量与解释变量的设定，建立如下 Tobit 模型：

$$\begin{aligned} GTE_{it} = {} & \beta_0 + \beta_1 wealth_{it} + \beta_2 wealth_{it}^2 + \beta_3 fdi_{it} + \beta_4 \mathrm{ln}patents_{it} + \\ & \beta_5 urban_{it} + \beta_6 \mathrm{ln}tech_{it} + \beta_7 industrial_{it} + \varepsilon_{it} \end{aligned} \qquad (6-4)$$

式（6-4）中，β_0 为截距项，β_1 表示财富水平对绿色发展效率的影响，若 β_1 显著为正，则表明财富水平的提高能够显著促进绿色发展效率的提升。β_2 表示财富水平的二次项对绿色发展效率的影响，若 β_2 显著且与 β_1 的符号相反，则表明财富水平与绿色发展效率之间存在非线性关系。对外开放水平（fdi）、科技发展水平（$\mathrm{ln}patents$）、城镇化水平（$urban$）、研发投入水平（$\mathrm{ln}tech$）以及产业结构发展水平（$industrial$）为控制变量，β_3 至 β_7 为各控制变量的回归系数。ε_{it} 为随机扰动项。

（三）空间计量模型的设定

1. 空间计量模型的介绍

传统的计量经济学是在高斯-马尔科夫定理（Gauss-Markov Theory）

的假定下成立和发展的，且要求观测值之间必须满足相互独立和均质的假设，而忽视了各变量之间存在的相关性。但是在现实生活中，事物之间通常是具有一定相关性的，如空间相关、经济相关、文化相关以及科技相关等。现有的经济学理论中，不论是古典经济学理论、新古典经济学理论还是新经济增长理论，在区域经济增长的影响因素及增长质量的研究中，都是将区域看作一个独立的个体，忽略了区域之间地理位置等相关性因素的影响。故而由于地理位置等相关性因素的缺失，基于经典经济学理论的传统计量经济学在实际应用中可能会存在模型设定的偏差，由此得出的估计结果也可能存在偏差。1979 年，美国地理学家 Tobler 提出了著名的"地理学第一定律"，即区域间的任何事物都是与其他事物相关的，只不过相近的事物关联更紧密。结合现实生活，不同区域之间存在着广泛的经济、文化层面的交流与联系。现有的研究成果中也证实了不同区域的经济、文化交流存在着基于地理位置上的交互作用（Spatial Interaction Effect），例如经济发展水平在地理位置上呈现典型的"俱乐部效应"，环境污染具有外部性，等等。为了解决经济问题研究中的空间性问题，经济学家们开始将区域之间的空间效应纳入计量经济学的分析框架之中。在此背景下，荷兰经济学家 Paelinck（1979）首次提出了"空间计量经济学"的概念，Anselin（1988）将其与新地理经济学相结合，进一步丰富了空间计量经济学的概念。而后，Anselin（2010）和 Elhorst（2014）又进一步完善了空间计量模型的扩展形式和模型选择方式，形成了完整的空间计量经济学的框架体系。空间计量经济学的核心思想是目标变量不仅会受到本地区的各相关因素的影响，也会受到来自相邻地区的目标变量和其他各因素的影响。该影响可以分为空间相关性（Spatial Autocorrelation）和空间异质性（Spatial Heterogeneity）。与传统的计量经济学模型相比，空间计量经济学能够借助空间权重矩阵有效地识别空间效应对目标变量的影响，也使得估计结果更具现实意义。

2. **空间计量模型的分类**

空间相关性又称空间依赖性（Spatial Dependence），其认为不同地区的同种变量之间会因为所处距离远近的不同而产生不同程度的相互影响，即存在空间溢出效应（Spatial Spillover Effects）。Anselin（2007）认为，空间溢出效应来自同种变量之间的空间交互（Spatial Interaction）作用和干扰性空间交互（Nuisance Spatial Interaction）作用。如若两个目标变量之间存在显著的空间相关性，则表明这两个相邻地区之间目标变量的数值是相近的，具体表现为地理上的集聚状态，也就是我们通常所说的"空间俱乐部"现象。此种空间交互作用在绿色经济发展方面表现为政策方针类似、产业结构趋同、环保知识交流以及技术外溢等。空间计量经济学的应用打破了各变量之间绝对独立的前提假定，相较于传统的计量方法而言，其更贴合实际。空间计量经济学模型可以依据空间溢出效应表现方式的不同分为三种基本形式，分别为空间误差模型（SEM）、空间自回归模型（SAR）以及空间杜宾模型（SDM），其中空间自回归模型又被称作空间滞后模型（SLM），结合前文中的变量和模型设定，本书设定的三种空间计量模型的具体形式如下所示。

（1）空间误差模型（SEM）

空间误差模型强调空间异质性的作用，其认为目标变量间的空间相关性是来源于地区间的随机误差项的冲击，本书中的空间误差模型具体形式如下所示：

$$GTE_{it} = \beta_0 + \beta_1 wealth_{it} + \beta_2 wealth_{it}^2 + \beta_3 fdi_{it} + \beta_4 \ln patents_{it} + \beta_5 urban_{it} + \beta_6 \ln tech_{it} + \beta_7 industrial_{it} + \mu_i + \varepsilon_{it} \tag{6-5}$$

其中，$\varepsilon_{it} = \lambda W \cdot \varepsilon_{it} + \varphi_{it}$，$\varphi_{it} \sim N(0, \sigma^2 I_n)$。空间误差系数 λ 表明了空间误差效应是否存在，其余各变量含义同式（6-1）。

（2）空间自回归模型（SAR）

空间自回归模型着重研究了被解释变量之间的空间相关性，强调被解释变量的空间溢出效应。本书中的空间自回归模型具体形式如下所示：

$$GTE_{it} = \beta_0 + \lambda WGTE_{it} + \beta_1 wealth_{it} + \beta_2 wealth_{it}^2 + \beta_3 fdi_{it} + \beta_4 \ln patents_{it} + \beta_5 urban_{it} + \beta_6 \ln tech_{it} + \beta_7 industrial_{it} + \mu_i + \varepsilon_{it} \tag{6-6}$$

其中，$\varepsilon_{it} \sim N(0, \sigma^2 I_n)$。空间自回归系数 λ 若为正值，则表明存在空间溢出效应；若为负值，则表明存在离散效应。其余各变量含义同式（6-1）。

（3）空间杜宾模型（SDM）

空间杜宾模型是空间计量经济学模型的一般形式，该模型认为被解释变量的观测值不仅会受到相邻地区被解释变量的影响，也会受到相邻地区解释变量的影响。因此，空间杜宾模型能够更准确地识别出影响被解释变量的关键因素，进而更全面地考察空间单位之间的交互效应。需要注意的是，在特定的条件下，空间杜宾模型是可以简化为空间误差模型和空间自回归模型的。本书中的空间杜宾模型具体形式如下所示：

$$
\begin{aligned}
GTE_{it} = & \beta_0 + \lambda WGTE_{it} + \theta_1 wealth_{it} + \theta_2 wealth_{it}^2 + \beta_1 wealth_{it} + \beta_2 wealth_{it}^2 + \\
& \beta_3 fdi_{it} + \beta_4 \ln patents_{it} + \beta_5 urban_{it} + \beta_6 \ln tech_{it} + \\
& \beta_7 industrial_{it} + \mu_i + \varepsilon_{it}
\end{aligned} \tag{6-7}
$$

其中，$\varepsilon_{it} \sim N(0, \sigma^2 I_n)$，其余各变量含义同式（6-1）。

3. 空间计量模型的选择

在实际使用空间计量经济学模型时，还需要进行一系列的模型适用性检验来确定样本数据所适用的最佳模型。在现有的研究成果中，大多采用如下两种检验方式。

第一，由具体到一般的检验。Anselin 等（2006）指出，应当首先采用普通最小二乘法来进行回归分析，得出 LM-Lag、Robust-LM-Lag、LM-Error、Robust-LM-Error 四个检验统计量，再依据这四个检验统计量的具体数值来判断应该采用哪种空间计量模型。此外，还需要借助似然比检验（LR）来判断是采用固定效应模型还是随机效应模型。具体的判断步骤如图 6-1 所示。

第二，由一般到具体的检验。Elhorst（2014）指出，可以将空间杜宾模型看作初始模型来进行检验，并采用 Wald 检验和 LR 检验来判断空

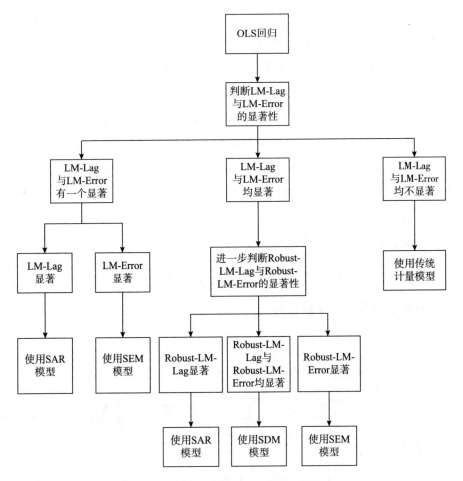

图6-1　空间计量经济学模型选择流程

间杜宾模型是否可以简化为空间误差模型或空间自回归模型。而模型应
当采取固定效应还是随机效应则借助豪斯曼检验来进行判断。

上述两种检验方式各有优劣，本书综合这两种方法，并进一步结合
模型的 SC、AIC、LogL 以及调整R^2等统计量来进行判断选择。

4. 空间计量模型的估计方法

在空间计量经济学中，变量之间的空间交互性打破了传统计量经济
学中各变量之间相互独立的假设，SAR 模型和 SEM 模型中的被解释变量

和 SDM 模型中的解释变量存在内生性问题，故而采用传统的普通最小二乘法（OLS）进行估计的结果可能存在一定的偏误，需要采用其他更为合适的方法进行估计。现有研究成果中广泛采用的有广义矩估计法（GMM）、广义最小二乘法（GLS）和工具变量法（IV）等。本书选取了空间计量经济学鼻祖 Anselin 提出的最大似然估计法（MLE）来对空间误差模型、空间自回归模型以及空间杜宾模型进行回归分析。空间计量经济学模型中最具代表性，同时形式最为简洁的模型是空间自回归模型，本书以空间自回归模型为例，介绍最大似然估计法的计算原理与估计过程，具体如下所示。

空间自回归模型的基本形式为：

$$Y_t = \rho W Y_t + X_t \beta + u + \mu_t \quad \mu_t \sim N(0, \sigma^2 I_n)$$

对基本形式进行函数变换：

$$(I - \rho W) Y_t = X_t \beta + u + \mu_t \quad t = 1, 2, \cdots, T$$

等式两边同时添加求和符号并除以 T，得：

$$(I - \rho W) \frac{1}{T} \sum_{t=1}^{T} Y_t = \frac{1}{T} \sum_{t=1}^{T} X_t \beta + \frac{1}{T} \sum_{t=1}^{T} u + \frac{1}{T} \sum_{t=1}^{T} \mu_t$$

并设定：

$$\overline{Y} = \frac{1}{T} \sum_{t=1}^{T} Y_t, \overline{X} = \frac{1}{T} \sum_{t=1}^{T} X_t, \overline{\mu} = \frac{1}{T} \sum_{t=1}^{T} \mu_t$$

进而求出两式之差：

$$(I - \rho W)(Y_t - \overline{Y}) = (X_t - \overline{X})\beta + (\mu_t - \overline{\mu})$$

由于 $\mu_t \sim N(0, \sigma^2 I_n)$，所以 $\overline{\mu} = \frac{1}{T} \sum_{t=1}^{T} \mu_t$ 与 $\mu_t - \overline{\mu}$ 也服从正态分布，并且 $E(\mu_t) = 0$，$E(\overline{\mu}) = E\left(\frac{1}{T} \sum_{t=1}^{T} \mu_t\right) = 0$，$E(\mu_t - \overline{\mu}) = E(\mu_t) - E(\overline{\mu})$。

由此可得：

$$Var(\mu_t - \overline{\mu}) = E\left[\left(\mu_t - \frac{1}{T}\sum_{t=1}^{T}\mu_t\right)\left(\mu_t - \frac{1}{T}\sum_{t=1}^{T}\mu_t\right)\right]$$

$$= \begin{pmatrix} E\left[\left(\mu_{t1} - \frac{1}{T}\sum_{t=1}^{T}\mu_{t1}\right)^2\right] & 0 & \cdots & 0 \\ 0 & E\left[\left(\mu_{t1} - \frac{1}{T}\sum_{t=1}^{T}\mu_{t1}\right)^2\right] & \cdots & 0 \\ \vdots & \vdots & & \vdots \\ 0 & 0 & \cdots & E\left[\left(\mu_{t1} - \frac{1}{T}\sum_{t=1}^{T}\mu_{t1}\right)^2\right] \end{pmatrix}$$

也就是说，$E\left[\left(\mu_{t1} - \frac{1}{T}\sum_{t=1}^{T}\mu_{t1}\right)^2\right] = E\left[\left(\mu_{ti} - \frac{1}{T}\sum_{t=1}^{T}\mu_{ti}\right)^2\right] = $

$\frac{T-1}{T}\sigma^2$, $t = 1, 2, \cdots, T_\circ$

故 $Var(\mu_t - \overline{\mu}) = \frac{T-1}{T}\sigma^2 I_{n\circ}$　其中，$\mu_t - \overline{\mu} \sim N(0, \overline{\sigma}^2 I_n)$，$\overline{\sigma}^2 = $

$\frac{T-1}{T}\sigma^2_\circ$

设定：

$$\widetilde{Y_t} = Y_t - \overline{Y}, \widetilde{X_t} = X_t - \overline{X}$$

易得：

$$\overline{Y_t} \sim N\{(I - \rho W)^{-1}\overline{X_t}\beta, \overline{\sigma}^2[(I - \rho W)^{-1}]^2\}$$

由此可以推导出似然函数为：

$$L(\overline{Y_1} \mid \rho, \beta, \overline{\sigma}^2) = \frac{1}{(2\pi)^{n/2}\left|\sum\right|^{1/2}}\exp\left\{-\frac{1}{2}[\overline{Y_t} - (I - \rho W)^{-1}\overline{X_t}\beta]\sum{}^{-1}[\overline{Y_t} - (I - \rho W)^{-1}\overline{X_t}\beta]\right\}$$

$$= \frac{1}{(2\pi)^{n/2}\left|\sum\right|^{1/2}}\exp\left\{-\frac{1}{2\overline{\sigma}^2}[(I - \rho W)\overline{Y_t} - \overline{X_t}\beta][(I - \rho W)\overline{Y_t} - \overline{X_t}\beta]\right\}$$

其中，$\sum = \overline{\sigma}^2 [(I - \rho W)^{-1}]^2$。

假定 $\widetilde{Y_t}$ 相互独立，则其联合分布的似然函数如下式所示：

$$L(\overline{Y_1}, \overline{Y_2}, \cdots, \overline{Y_T} \mid \rho, \beta, \sigma^2) = \left[\frac{1}{(2\pi)^{n/2} \left| \sum \right|^{1/2}} \right]^T \exp \left\{ -\frac{1}{2\overline{\sigma}^2} \sum_{t=1}^{T} [(I - \rho W) \overline{Y_t} - \overline{X_t}\beta] [(I - \rho W) \overline{Y_t} - \overline{X_t}\beta] \right\}$$

取得极大值的条件为：

$$\overline{\sigma}^2 = \frac{\sum_{t=1}^{T} [(I - \rho W) \overline{Y_t} - \overline{X_t}\beta] [(I - \rho W) \overline{Y_t} - \overline{X_t}\beta]}{nT}$$

二 变量选取

（一）被解释变量的选取

本书的被解释变量为我国 30 个省份的绿色发展效率（ GTE ）。本书使用包含非期望产出的 DEA-SBM 模型来测算我国 30 个省份的绿色发展效率。具体的测算结果已经在本书的第五章展示。

（二）核心解释变量的选取

本书的核心解释变量为我国各省份的财富水平（ $wealth$ ）。本书参考现有的研究成果，构建能够衡量地区财富水平的指标评价体系，并进一步运用熵值法来具体测算各省份的财富水平指数。同时，为了验证我国各地区的财富水平与绿色发展效率之间是否存在"环境库兹涅茨曲线"效应，本书还将财富水平的二次项（ $wealth^2$ ）纳入计量模型之中。除此之外，为了检验回归结果的稳健性，本书采用人均地区生产总值的自然对数（ $\ln PGDP$ ）以及人均地区生产总值自然对数的二次项（ $\ln PGDP^2$ ）来替换核心解释变量进行回归分析。

（三）控制变量的选取

根据前文中我国区域财富水平影响绿色发展效率的理论分析，本书分别从对外开放水平（fdi）、科技发展水平（lnpatents）、城镇化水平（urban）、研发投入水平（lntech）以及产业结构发展水平（industrial）五个方面选取相应的指标来对影响我国各省份绿色发展效率的因素进行实证分析。具体而言，对外开放水平用当年实际利用外资金额占 GDP 的比重来衡量；科技发展水平用当年专利申请受理数的自然对数来表示；城镇化水平则用年底城镇人口数/年底总人口数来表示；研发投入水平用当年的科学技术支出的自然对数来表征；产业结构发展水平用第三产业增加值/第二产业增加值来衡量。

三 数据来源

本书选取了 2004~2021 年我国 30 个省份的相关数据进行实证分析，并对各个变量进行相应的数学处理。数据来源于历年的《中国环境统计年鉴》、《中国统计年鉴》、《中国工业统计年鉴》、EPS 全球统计数据分析平台、Wind 数据库、国泰安数据库以及各省份的统计年鉴等，个别缺失值通过线性插值法进行填补。各变量的描述性统计如表 6-1 所示。

表 6-1 各变量的描述性统计

变量	观测值	平均值	标准差	最小值	最大值
GTE	540	0.611	0.242	0.202	1
wealth	540	0.541	0.153	0.114	0.847
$wealth^2$	540	0.316	0.153	0.13	0.718
fdi	540	0.59	2.466	0.048	45.106
lnpatents	540	4.374	0.727	2.093	5.992
urban	540	0.545	0.142	0.139	0.896

变量	观测值	平均值	标准差	最小值	最大值
ln$tech$	540	0.02	0.014	0.004	0.072
$industrial$	540	1.108	0.63	0.499	5.31
ln$PGDP$	540	4.551	0.309	3.635	5.265
ln$PGDP^2$	540	20.81	2.782	13.214	27.718

第二节　模型检验、稳健性检验与异质性检验

一　模型检验

(一) 基准模型回归分析

为了研究地区财富水平对绿色发展效率的影响，本书采用双向固定效应模型，并逐步加入控制变量，对面板数据模型进行参数估计，结果如表6-2所示。从模型 (1) 和模型 (2) 的回归结果来看，地区财富水平 ($wealth$) 的系数均显著为负，地区财富水平二次项 ($wealth^2$) 的系数均显著为正，即一次项与二次项的系数符号相反。据此，本书推测地区财富水平与绿色发展效率之间存在 "U" 形关系，即在地区财富水平提高初期，绿色发展效率呈现下降的趋势，这是由于在财富水平较低时，各地区片面地追求财富增长速度而忽视了生态环境保护的重要性。而伴随着地区财富水平的不断提高，当财富水平越过临界值时，财富水平的提高又能够显著地促进绿色发展效率的提升。随着财富水平的不断提高与居民生活水平的持续提高，一方面，充足的财富能够极大地促进先进的绿色创新技术不断地更新与发展，而绿色创新技术获得了长足发展后又能够显著地提高绿色发展效率；另一方面，人们的环境保护意识与健

康意识也在增强，在追求物质财富增长的同时，也越发重视生态财富的保护与开发。这也就意味着，我国地区财富水平与绿色发展效率之间的关系是符合环境库兹涅茨曲线的。

值得注意的是，在大多数试图识别"U"形关系的研究中，学者们通常会如本书一样在模型中加入二次项，甚至是高阶项来检验被解释变量与解释变量之间是否存在非线性关系。如果二次项的系数是显著的，并且估计出来的极值点在数据范围之内，则认为"U"形关系存在。但实际上，简单地加入二次项来检验非线性关系并不严谨，有时甚至是错误的。Lind 和 Mehlum（2010）指出，该判断标准过于薄弱，当被解释变量与解释变量之间真正的关系是凸而单调时，模型估计将会错误地产生一个极值点和"U"形关系。对"U"形关系的检验比较复杂，因为原假设要求在区间的左边是递减的（或递增的），而在区间的右边是递增的（或递减的）。针对这个复合的原假设，标准的测试方法不再适用。Lind 和 Mehlum（2010）基于 Sasabuchi（1980）所开发的通用框架来检验被解释变量与解释变量之间是否存在"U"形或倒"U"形关系，并且利用该检验原理编写了 U 检验程序。U 检验程序为我们提供了一个"U"形或倒"U"形关系在区间内是否存在的精确测试。本书也基于该程序，对环境库兹涅茨曲线的存在性做了精确测试。结果显示，计算出的极值点为 0.4127412，地区财富水平的取值范围为 [0.1137662，0.8473008]。可知，极值点在数据范围内，并能够在 5%的水平下显著。同时，结果中 Slope 取值区间内存在负号，故而我们可以认为地区财富水平与绿色发展效率之间存在"U"形关系，即环境库兹涅茨曲线是真实存在的。具体而言，当地区财富水平指数未达到 0.4127412 时，财富水平与绿色发展效率之间存在负相关关系；当地区财富水平指数高于 0.4127412 时，财富水平的提高能够显著地促进绿色发展效率的提升。

表 6-2　基准模型回归分析结果

变量	模型（1）	模型（2）
	GTE	GTE
wealth	-2.774 ***	-2.642 ***
	（0.355）	（0.346）
wealth^2	3.065 ***	3.200 ***
	（0.483）	（0.451）
fdi		-0.0178 ***
		（0.00251）
lnpatents		0.0190
		（0.0513）
urban		-0.499 ***
		（0.158）
lntech		-1.716
		（5.357）
industrial		-0.0936 ***
		（0.0270）
常数项	0.697 ***	0.891 ***
	（0.0738）	（0.170）
地区固定效应	控制	控制
时间固定效应	控制	控制
观测值	540	540
R^2	0.176	0.298
决策单元个数	30	30

注：***、**、*分别表示在1%、5%和10%的水平下显著，括号内为标准误，下同。

（二）受限因变量模型回归分析

为了解决普通最小二乘法估计参数的偏差问题，本书进一步采用受限因变量模型来检验地区财富水平与绿色发展效率之间的关系，结果如表6-3所示。模型（3）是未纳入控制变量的回归结果，结果显示地区财富水平的系数显著为负，地区财富水平二次项的系数显著为正，即一次项与二次项的系数符号相反。这也进一步验证了地区财富水平与绿色发展效率之间确实存在"U"形关系，绿色发展效率伴随着地区财富水平的提高而表现出先降后增的态势。模型（4）则为纳入了控制变量的回归结果，结果同样显示地区财富水平的系数显著为负，地区财富水平二次项的系数则在1%的水平下显著为正，再次佐证了上述观点。

就具体的控制变量而言，科技发展水平、城镇化水平以及产业结构发展水平的系数均为正。科技发展水平的提高有助于绿色发展效率的提升，一方面，随着科技发展水平的提高，企业的生产效率也在不断提高，能够以更低的资源消耗和污染物排放来创造出更高价值的产品；另一方面，随着科技发展水平的提高，企业的环境治理水平也有所提高，可以利用新兴的绿色技术来提高环境治理效率。城镇化水平的提升也在一定程度上促进了绿色发展效率的提高。人口和经济活动逐步向城镇集中，会带来规模经济和交易费用减少等多方面的积极影响，从而提高绿色发展效率。例如，城镇人口的增加不仅会带动消费的增长，形成对第二、第三产业的巨大需求，也会进一步提升基础设施建设水平与公共服务水平（王兵等，2014）。本书的产业结构发展水平采用第三产业增加值与第二产业增加值之比来衡量，某地区产业结构发展水平越高也就意味着该地区的第三产业越发达。产业结构向第三产业转型有助于经济动能清洁化的实现，科学研究、金融服务、环境污染治理等生产性服务业水平的提高也能够推动构建绿色生产体系，从而促进地区绿色发展效率的提升。对外开放水平的系数为负，并在1%的水平下显著。对外开放水平对绿色发展效率的提升具有负向影响。发达国家的高耗能、高污染产业的转移，会进一步推动资源消耗和污染物排放的增加，加剧当前所面临的环境压力，从而抑制绿色发展效率的提升（盖美等，2014；田光辉等，2018）。研发投入水平的系数为负，但不显著。通常认为研发投入水平越高，科技发展水平也就越高，从而能够在一定程度上促进绿色发展效率的提升。但这一过程并不是立竿见影的，技术的创新研发通常需要投入大量的人力、物力，并且需要历经较长的研发周期，短期内很难直接促进绿色发展效率的提升。

表 6-3 受限因变量模型回归分析结果

变量	模型（3）	模型（4）
	GTE	GTE
wealth	−2.040 ***	−2.327 ***
	(0.250)	(0.259)
wealth^2	1.834 ***	2.546 ***
	(0.253)	(0.284)
fdi		−0.0166 ***
		(0.00250)
lnpatents		0.233 ***
		(0.0371)
urban		0.278 **
		(0.128)
lntech		−6.217
		(4.129)
industrial		0.0384 *
		(0.0210)
常数项	0.626 ***	0.891 ***
	(0.0626)	(0.133)
观测值	540	540
Wald chi^2	93.84	183.68
Log likelihood	293.14694	327.46366

（三）空间计量模型回归分析

1. 空间计量模型的选择

按照前文中所述的空间计量经济学模型选择流程图来确定适宜的空间计量模型，并依次对地理邻接矩阵、地理距离矩阵和经济距离矩阵进行检验。首先对基准模型进行 LM 检验，并观察 LM-Lag 和 LM-Error 的显著性，结果显示 LM-Lag、LM-Error 和 Robust-LM-Lag、Robust-LM-Error 均在 1% 的水平下显著，表明应当选择空间杜宾模型。其次结合 Wald 检验和 LR 检验结果，发现均可以在 1% 的置信水平上拒绝原假设，即表明空间杜宾模型既不可以简化成空间误差模型，也不可以简化成空间自回归模型。因此，可以确定空间杜宾模型为最优模型。在空间杜宾模型的基础上对固定效应、随机效应和混合效应进行检验，结合 F 检验和豪斯曼检验结果，发现应当使用双向固定效应空间杜宾模型来进行空间计量分析。

2. 实证结果分析

双向固定效应空间杜宾模型的回归分析结果如表 6-4 所示。其中，模型（5）是以地理邻接矩阵作为空间权重矩阵的回归分析结果，模型（6）是以地理距离矩阵作为空间权重矩阵的回归分析结果，模型（7）是以经济距离矩阵作为空间权重矩阵的回归分析结果。对于模型（5），可以看到 $wealth$ 的系数在 1% 的水平下显著为负，$wealth^2$ 的系数在 1% 的水平下显著为正，表明了在考虑到空间关联性后，地区财富水平与绿色发展效率之间仍然存在 "U" 形关系。在地区财富水平提高初期，绿色发展效率呈现下降的趋势，而伴随着地区财富水平的不断提高，当财富水平越过临界值时，财富水平的提高又能够显著地促进绿色发展效率的提升。而 $W \times wealth$ 的系数在 1% 的水平下显著为正，这意味着在空间溢出效应下，财富水平对绿色发展效率具有显著的空间传导效应，即本地区财富水平的提升能够显著地促进地理相邻地区绿色发展效率的提高。这是因为我国各地区的财富发展存在着较为明显的不均衡问题，财富水平较高的地区能够带动周边地区的经济发展，使得邻近地区的绿色发展效率得到改善。而伴随着各地区财富水平的不断提高，各地区的绿色发展效率也会提升。对于模型（6）和模型（7），$wealth$ 和 $wealth^2$ 的系数均在 1% 的水平下显著，且符号相反，进一步佐证了我国地区财富水平与绿色发展效率之间的关系是符合环境库兹涅茨曲线的。

表 6-4　双向固定效应空间杜宾模型回归分析结果

变量	模型（5） GTE	模型（6） GTE	模型（7） GTE
wealth	−3.573 ***	−2.553 ***	−3.235 ***
	（0.00）	（0.00）	（0.00）
$wealth^2$	3.858 ***	2.686 ***	3.990 ***
	（0.00）	（0.00）	（0.00）
fdi	−0.016 ***	−0.019 ***	−0.018 ***
	（0.00）	（0.00）	（0.00）
lnpatents	0.056	0.068	0.000
	（0.24）	（0.15）	（1.00）
urban	−0.434 ***	−0.377 **	−0.549 ***
	（0.00）	（0.01）	（0.00）
lntech	5.508	−6.354	2.076
	（0.27）	（0.20）	（0.67）
industrial	−0.075 ***	−0.144 ***	−0.087 ***
	（0.00）	（0.00）	（0.00）
$W \times wealth$	2.733 ***	5.366 ***	2.090 ***
	（0.00）	（0.00）	（0.00）
$W \times wealth^2$	−2.494 ***	−12.029 ***	−3.215 ***
	（0.01）	（0.00）	（0.00）
$W \times fdi$	0.009	−0.056 *	−0.003
	（0.40）	（0.09）	（0.86）
$W \times lnpatents$	−0.056	0.715 *	0.232 ***
	（0.55）	（0.05）	（0.00）
$W \times urban$	0.134	0.170	0.001
	（0.72）	（0.87）	（1.00）
$W \times lntech$	−44.682 ***	−198.432 ***	−39.546 ***
	（0.00）	（0.00）	（0.00）
$W \times industrial$	−0.253 ***	−0.654 ***	−0.091 **
	（0.00）	（0.00）	（0.01）
地区固定效应	控制	控制	控制
时间固定效应	控制	控制	控制
观测值	540	540	540
R^2	0.025	0.009	0.014
Log likelihood	439.6535	443.1228	439.7316

二　稳健性检验

为了进一步验证上述分析结果的稳健性，本书采用人均地区生产总值的自然对数（$\ln PGDP$）来替换上文中的财富水平指标，并且用人均地区生产总值自然对数的二次项（$\ln PGDP^2$）来替换财富水平的二次项，重新检验各地区财富水平与绿色发展效率之间的关系，结果如表6-5所示。其中，模型（8）是基准模型回归分析结果；模型（9）是受限因变量模型回归分析结果；模型（10）是以地理邻接矩阵作为空间权重矩阵的回归分析结果；模型（11）是以地理距离矩阵作为空间权重矩阵的回归分析结果；模型（12）是以经济距离矩阵作为空间权重矩阵的回归分析结果。由表6-5可以发现，在替换了核心解释变量后，无论是否考虑空间关联性，$\ln PGDP$的系数均显著为负，$\ln PGDP^2$的系数均显著为正，再次验证了我国财富水平与绿色发展效率之间存在"U"形关系，即存在环境库兹涅茨曲线，证明了上文中的分析结论是稳健的。

表 6-5　稳健性检验结果

变量	模型（8）GTE	模型（9）GTE	模型（10）GTE	模型（11）GTE	模型（12）GTE
$\ln PGDP$	−3.888 ***	−4.070 ***	−6.836 ***	−4.407 ***	−5.883 ***
	（0.578）	（0.482）	（0.00）	（0.00）	（0.00）
$\ln PGDP^2$	0.429 ***	0.452 ***	0.759 ***	0.497 ***	0.670 ***
	（0.0673）	（0.0545）	（0.00）	（0.00）	（0.00）
fdi	−0.0174 ***	−0.0168 ***	−0.014 ***	−0.017 ***	−0.016 ***
	（0.00254）	（0.00244）	（0.00）	（0.00）	（0.00）
$\ln patents$	0.0640	−0.0226	0.092 *	0.088 *	0.064
	（0.0532）	（0.0384）	（0.06）	（0.06）	（0.19）
$urban$	−0.416 ***	−0.155	−0.327 **	−0.207	−0.382 ***
	（0.160）	（0.137）	（0.03）	（0.16）	（0.01）
$\ln tech$	−4.368	−1.086	6.856	−0.285	1.881
	（5.420）	（3.735）	（0.17）	（0.96）	（0.70）

续表

变量	模型(8)	模型(9)	模型(10)	模型(11)	模型(12)
	GTE	GTE	GTE	GTE	GTE
$industrial$	-0.0837***	-0.00204	-0.045*	-0.134***	-0.074***
	(0.0275)	(0.0226)	(0.07)	(0.00)	(0.00)
$W \times \ln PGDP$			6.945***	14.536***	4.887***
			(0.00)	(0.00)	(0.00)
$W \times \ln PGDP^2$			-0.808***	-1.977***	-0.584***
			(0.00)	(0.00)	(0.00)
$W \times fdi$			-0.002	-0.032	-0.013
			(0.86)	(0.33)	(0.44)
$W \times \text{lnpatents}$			-0.133	0.534	0.140**
			(0.18)	(0.17)	(0.03)
$W \times urban$			0.594	0.058	-0.083
			(0.11)	(0.95)	(0.71)
$W \times \text{lntech}$			-32.836***	-164.030***	-40.721***
			(0.00)	(0.00)	(0.00)
$W \times industrial$			-0.226***	-0.429**	-0.079**
			(0.00)	(0.05)	(0.04)
地区固定效应	控制	控制	控制	控制	控制
时间固定效应	控制	控制	控制	控制	控制
常数项	8.931***	9.419***			
	(1.213)	(1.068)			
观测值	540	540	540	540	540
R^2	0.279		0.001	0.012	0.000
Wald chi^2		168.02			
Log likelihood		322.13802	448.4893	453.6250	440.5260

三 异质性检验

为了进一步检验我国各经济区域的财富水平与绿色发展效率之间的关系，本书按照表 4-2 中的划分方法将 30 个省份细分为四大经济区域，并采用以地理邻接矩阵作为空间权重矩阵的空间杜宾模型来分别对四大经济区域进行异质性检验，结果如表 6-6 所示。其中，模型（13）为东北地区的检验结果；模型（14）为东部地区的检验结果；模型（15）为中部地区的检验结果；模型（16）为西部地区的检验结果。可以发现，除中部地区之外的三大经济区域财富水平与绿色发展效率之间均存在着先抑制后促进的"U"形关系。具体到各经济区域来说，各区域财富水平的系数也有所差异。西部地区财富水平二次项的系数最大，达到了 6.311，且在 1% 的水平下显著；东北地区次之；东部地区二次项的系数也达到了 2.120，且在 10% 的水平下显著。中部地区民营经济不发达，投资渠道不畅通，企业绿色投资的动力较小，因此区域财富水平与绿色发展效率之间没有呈现先抑制后促进的"U"形关系。

表 6-6 异质性检验结果

变量	模型（13） GTE 东北地区	模型（14） GTE 东部地区	模型（15） GTE 中部地区	模型（16） GTE 西部地区
wealth	−4.605***	−1.617*	0.900	−7.128***
	(0.00)	(0.10)	(0.36)	(0.00)
$wealth^2$	3.972***	2.120*	−1.185	6.311***
	(0.00)	(0.06)	(0.22)	(0.00)
fdi	−0.011	−0.017***	0.229***	0.028
	(0.78)	(0.00)	(0.01)	(0.53)
lnpatents	−0.025	−0.186	−0.182***	0.160**
	(0.74)	(0.14)	(0.00)	(0.03)
urban	−0.007	−0.364*	1.688*	1.735**
	(0.98)	(0.08)	(0.07)	(0.02)
lntech	−8.450	−19.994*	9.356**	13.869
	(0.51)	(0.09)	(0.03)	(0.19)
industrial	0.077	−0.121*	−0.260***	−0.055
	(0.34)	(0.05)	(0.00)	(0.26)
W×wealth	−4.852**	6.326***	3.462*	−1.727
	(0.03)	(0.00)	(0.08)	(0.22)

变量	模型(13)	模型(14)	模型(15)	模型(16)
	GTE	*GTE*	*GTE*	*GTE*
	东北地区	东部地区	中部地区	西部地区
$W×wealth^2$	4.101 **	−9.305 ***	−5.925 ***	4.192 ***
	(0.03)	(0.00)	(0.00)	(0.00)
$W×fdi$	0.032	0.002	0.657 ***	0.051
	(0.62)	(0.73)	(0.00)	(0.66)
$W×\mathrm{lnpatents}$	0.143	0.259	−0.089	−0.450 **
	(0.33)	(0.19)	(0.39)	(0.01)
$W×urban$	−0.445	0.475	0.570	−4.213 **
	(0.35)	(0.27)	(0.71)	(0.01)
$W×\mathrm{lntech}$	−14.449	−53.602 ***	38.886 ***	−26.177
	(0.54)	(0.00)	(0.00)	(0.34)
$W×industrial$	0.241 **	−0.229 **	0.327 **	0.140
	(0.02)	(0.01)	(0.05)	(0.24)
地区固定效应	控制	控制	控制	控制
时间固定效应	控制	控制	控制	控制
观测值	54	180	108	198
R^2	0.638	0.104	0.295	0.053
Log likelihood	143.2367	122.8806	219.9838	203.2469

提高财富水平，提升绿色发展效率的
对策建议

第一节　国家层面

一　促进财富水平提高的对策建议

财富水平的提高对于实现绿色可持续发展和经济高质量发展具有重要意义。本部分从国家层面出发，为促进我国财富水平的提高提出一些切实可行的对策建议。这些对策建议包括加强金融体系建设、促进创新创业、优化税收政策、加大教育和人才培养投入、加强对外贸易等方面的措施。这些政策举措的实施，可以为我国财富的增长和经济的可持续发展提供支持和保障。

（一）加强金融体系建设

金融体系是经济发展的重要支撑和财富增长的关键因素，可以通过如下措施来加强金融体系建设。首先是要加强金融监管和风险防控。建立健全金融监管制度，加强对金融机构和市场的监督与管理。加大对金融风险的预警和防控力度，减少金融风险对财富增长的不利影响。其次是要推进金融创新和金融科技应用。鼓励金融机构创新金融产品和服务,提高金融科技应用水平。通过数字化、智能化和区块链等技术手段,提高金融服务的效率和便利性,促进财富的增长和流动。最后是要加强金融教育和对投资者的保护。加大金融教育力度,提高公众金融素养和投资意识。加强对投资者的保护,提供透明、公正和可靠的金融市场环境,增强投资者信心,促进财富的增长和长期投资。

(二) 促进创新创业

创新创业是推动经济发展和财富增长的重要驱动力,可以通过如下措施来促进创新创业。第一,加大科技创新投入。增加政府对科技创新的投入,增加科研机构和高等教育机构的科研经费,加大支持力度。加强科技成果转化和产业化,促进科技创新与实体经济的深度融合,推动财富的增长。第二,鼓励创新创业环境建设。建立创新创业支持体系,包括政策支持、资金支持、人才支持等方面。降低创新创业成本,提供良好的创业环境和市场机会,激发创新创业活力,促进财富的增长。第三,加强知识产权保护。完善知识产权保护制度,加大知识产权执法力度,提高知识产权保护的效果。保护创新者的合法权益,激励创新创业活动,促进财富的增长和知识产业的发展。

(三) 优化税收政策

税收政策对于财富水平的提高具有重要影响,合理的税收政策能够在一定程度上促进财富水平的提高。第一,减轻个人所得税负担。调整个人所得税税率结构,提高个税起征点和扩大税率级距,减轻中低收入群体的税收负担。鼓励个人投资和消费,促进个人财富的增长。第二,优化企业税收政策。减轻企业税收负担,降低企业所得税税率,简化税收征管程序。鼓励企业加大研发投入和技术创新,提高企业竞争力,促进财富的增长。第三,加大财产税和遗产税征收力度。建立健全财产税和遗产税制度,对高净值个人和富裕家庭的财产进行合理征税。通过财产税和遗产税的征收，促进财富的再分配，实现社会公平和财富的可持续增长。

（四）加大教育和人才培养投入

教育和人才是财富增长和社会进步的重要支撑，加大教育和人才培养投入有助于实现财富的可持续增长。首先要增加教育经费投入，推动教育资源的均衡分配。加强基础教育和职业教育的建设，培养适应经济发展需求的高素质人才，为财富增长提供人力资源支持。其次要推动产学研结合。加强高等教育机构与企业之间的合作，推动科研成果转化，开展创新创业活动。培养具有创新精神和实践能力的人才，提高人才的市场竞争力，推动财富的增长。最后要加强职业培训和就业服务。建立健全职业培训体系，提供多样化的职业培训和技能提升机会。加强就业服务，提供就业信息和职业指导，促进就业稳定和财富的增长。

（五）加强对外贸易

对外贸易是根据要素禀赋理论，充分了解本国各要素情况，充分利用本国丰富要素，在生产过程中，加大优势要素投入，减少稀缺要素供给，利用生产要素相对价格差进行对外贸易，从而实现国家财富水平提高。具体来看，首先，加强对外贸易可拉动国内生产活动，增加就业岗位，实现主体劳动的价值增值，从而提高国家整体收入水平。其次，加强对外贸易能促进国家不断提高生产技术，降低生产成本，增加利润，从而实现财富水平的提高。

二　促进绿色发展效率提升的对策建议

随着全球环境问题的日益突出，绿色发展已经成为我国可持续发展的重要路径。绿色发展效率的提高不仅有利于环境保护，还能促进经济

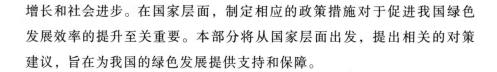

增长和社会进步。在国家层面，制定相应的政策措施对于促进我国绿色发展效率的提升至关重要。本部分将从国家层面出发，提出相关的对策建议，旨在为我国的绿色发展提供支持和保障。

（一）制定综合性的绿色发展政策

为促进我国绿色发展效率的提高，国家应制定综合性的绿色发展政策，明确目标和路径。具体而言，应包括以下几个方面的内容。第一，确定绿色发展目标。制定明确的绿色发展目标，如能源消耗减少、资源利用效率提高等方面的指标，以量化的目标激励各方努力。第二，建立政策体系。建立完善的绿色发展政策体系，包括法律法规、规划和标准等，形成政策的纵向和横向衔接，确保政策的协同推进。第三，加强政策协调与整合。加强各部门间的政策协调与整合，避免政策之间的冲突和重叠，形成政策的整体效应。第四，推动绿色产业发展。通过支持绿色产业的发展，鼓励企业向绿色方向转型升级，推动绿色经济的发展。第五，促进可再生能源利用。加大对可再生能源的支持力度，鼓励其增加在能源消耗中的比重，减少对传统化石能源的依赖。第六，合理规划地区空间布局。合理规划制造业集聚地区基础设施建设，避免因重复建设造成的资源浪费。集聚地区附近兴建住宅区、商业区，避免因制造业集聚带来的人力资本提升而造成的拥挤效应，如此能有效缓解地区生态环境压力，提高地区绿色发展效率。通过制定综合性的绿色发展政策，国家可以明确绿色发展的目标和路径，为各方提供清晰的指引，推动我国绿色发展效率的提高。

（二）建立绿色金融体系，实行差异化金融政策

绿色金融是推动绿色发展的重要手段之一，国家应建立健全绿色金融体系，提供融资和投资支持，促进绿色发展效率的提高。第一，设立绿色发展基金。国家可以设立专门的绿色发展基金，用于支持绿色项目的融资。该基金可以通过政府资金注入和社会资本参与，提供低息贷款、

风险补偿和资本补贴等方式支持绿色项目的发展。第二，发展绿色银行和债券市场。鼓励银行设立绿色分支机构或部门，专门提供绿色融资服务。同时，发展绿色债券市场，引导投资者将资金投向绿色项目，促进绿色发展的融资渠道多元化。第三，制定绿色金融标准和评估体系。建立统一的绿色金融标准和评估体系，对绿色项目进行评估和认证。这有助于提高绿色项目的透明度和可信度，吸引更多资金投向绿色领域。第四，加强金融创新和科技应用。鼓励金融机构利用科技手段，如大数据、人工智能等，提高绿色金融的服务效率和风险管理能力。同时，支持金融创新，探索新的绿色金融产品和服务，满足不同需求的绿色发展项目。通过建立绿色金融体系，国家可以为绿色项目提供融资和投资支持，降低其融资成本，促进绿色发展效率的提高。

由于区域间的社会经济发展水平存在差异，金融资源在各地区的分布不均衡。因此，为促进金融发展对绿色发展效率的提升作用，政府应因地制宜，根据各地区的特点制定相应的金融政策。同时，政府需要引导资金在区域间的合理流动，统筹各区域的金融发展，推动绿色发展效率的全面提升。

（三）推动绿色技术创新和转化

绿色技术创新和转化是提高绿色发展效率的关键，国家应加大支持力度，推动绿色技术的创新和应用。首先是要增加科研投入。加大对绿色技术创新的科研投入，设立绿色技术创新基金，支持绿色技术研发和示范项目。同时，鼓励高校、科研机构和企业加强合作，共同推动绿色技术的研究和应用。其次是要加强知识产权保护。建立健全绿色技术知识产权保护制度，鼓励企业加大绿色技术的研发投入。同时，加强知识产权的管理和运营，提高绿色技术的市场竞争力。再次是要加强技术转移和推广。建立绿色技术转移机制，促进绿色技术的推广和应用。国家可以鼓励企业进行技术转让和合作，提供相关的政策和经济支持，推动绿色技术的快速转化。最后是要建立绿色技术创新示范基地。设立绿色技术创新示范基地，提供场地和资源支持，为绿色技术的研发和应用提供平台。基地可以通过技术展示、培训交流等方式，推动绿色技术的创新和推广。通过推动绿色技术创新和转化，国家可以提高绿色发展的技术水平，推动绿色发展效率的提高。

（四）加强政策法规的制定和执行

政策法规的制定和执行是促进我国绿色发展效率提高的重要保障。国家应加强相关部门的协调，加大政策法规的制定和执行力度。第一，制定绿色发展法律法规。加快绿色发展法律法规的制定，形成系统完备的法律体系。同时，建立绿色发展政策的长效机制，确保政策的稳定性和可持续性。第二，加大环境监管和执法力度。通过加强环境监管和执法，加大对环境违法行为的打击力度。建立严格的环境监测和评估体系，加强对企业和项目的环境审批和监管，确保绿色发展的合规性和可持续性。第三，完善信息公开和监督机制。建立绿色发展信息公开和监督机制，加强对政府部门和企业的监督和约束。鼓励社会组织、媒体和公众参与绿色发展政策的制定和执行，增加信息的透明度和公正性。第四，加大对绿色发展的宣传和教育力度。加强绿色发展的宣传和教育，提高公众对绿色发展的认知和参与度。通过举办宣传活动、开展教育培训等方式，提高公众的环境保护意识和责任感。通过加强政策法规的制定和执行，国家可以为绿色发展提供良好的制度环境，推动绿色发展效率的提高。

第二节　社会层面

一　促进财富水平提高的对策建议

除了国家层面的政策支持，社会层面的参与和支持同样至关重要。

本部分将从社会层面出发，提出一些促进我国财富水平提高的对策建议。这些对策建议涵盖促进社会公平和包容、加强财富教育与意识培养、推动创新创业文化的培育、加快社会组织的发展、提升投资机构水平等方面的措施。

（一）促进社会公平和包容

社会公平和包容是实现财富水平提高的重要基础，可以通过如下措施来促进社会公平和包容。第一，加大收入分配调节力度。完善收入分配制度，缩小收入差距，提高低收入群体的收入水平。通过税收调节、社会保障等措施，实现收入公平分配，促进社会的和谐与稳定。第二，扩大社会保障覆盖范围。加强社会保障制度建设，提供全面的医疗保障、养老保障和失业保障等社会保障服务，确保每个人都能享受到基本的社会保障待遇，减少贫困和不平等现象。第三，推进教育公平。推动教育资源的均衡分配，提供优质教育资源给予贫困地区和弱势群体。加大对贫困家庭和残疾人等特殊群体的教育援助力度，确保他们享有平等的教育机会。第四，鼓励发展慈善事业。加强慈善组织的建设，提供税收优惠和政策支持，鼓励富裕群体参与慈善事业。通过开展慈善捐赠和社会公益活动，实现财富的回馈和再分配，促进社会公平和包容。

（二）加强财富教育与意识培养

财富教育与意识培养是提升个人和社会财富水平的重要手段。首先是要强化财经教育，将财经教育纳入教育体系，从小学到高中，逐步培养学生的财商和金融素养。通过开设相关课程和活动，提高学生对财务管理、投资理财等方面的认知和技能。其次是要推动成人财商教育，开展面向成年人的财商培训和金融知识普及活动，提高广大成年人的财务素养。通过举办讲座、研讨会和在线教育平台等形式，普及财务知识，

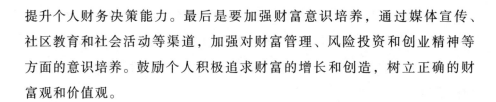

提升个人财务决策能力。最后是要加强财富意识培养，通过媒体宣传、社区教育和社会活动等渠道，加强对财富管理、风险投资和创业精神等方面的意识培养。鼓励个人积极追求财富的增长和创造，树立正确的财富观和价值观。

（三）推动创新创业文化的培育

创新创业是提升财富水平的重要路径，以下是推动创新创业文化的培育的一些对策建议。第一，要建立创新创业支持体系，加强创业孵化器和科技园区的建设，提供创业者所需的场地、资金和技术支持。设立风险投资基金，为创业者提供融资支持和创业指导，降低创业风险。第二，要鼓励技术创新与转移，加大对科研机构和高校的科技研发经费投入，提高科研成果转化的效率。建立技术转移平台，促进科技成果的产业化和商业化，激发创新创业活动。第三，要加强知识产权保护，完善知识产权法律法规，加大知识产权的保护力度。提供便捷的知识产权申请和保护服务，鼓励企业和个人创新，保护创新成果的合法权益。

（四）加快社会组织的发展

社会组织在促进财富水平提高和社会进步中发挥着重要作用，可以通过如下措施来加快社会组织的发展。首先是提供政策支持和税收优惠。为非营利组织和社会企业提供政策支持和税收优惠，降低其经营成本和运营压力。鼓励社会组织发挥更大的作用，参与社会公益和社会服务活动。其次是加强社会组织的培训与支持。建立社会组织培训机制，提供相关管理和运营培训。加强对社会组织的监管与指导，促进其规范运作和有效发展。最后是建立社会组织网络平台。搭建社会组织之间和社会组织与政府、企业之间的沟通与合作平台。促进信息共享和资源整合，提高社会组织的协同作用和影响力。

（五）提升投资机构水平

资本市场有效稳定运行是影响财富水平提高的重要因素之一，而投资机构在充分发挥资本市场资源配置中起着重要作用。可以通过如下措施来提升投资机构水平。首先，投行需要从多个维度提高专业服务及审核把关能力，促进资本市场长期有效稳定运行。比如更多关注有利于国家发展的战略性新兴产业、优质创新型企业，通过深入研究，挖掘优质上市企业；丰富服务内容，提供综合金融服务；提升对新科技、新业态等的估值定价能力。其次，提高投研能力，强化国际视野，优化资源配置。通过产品创设引导更多长期资本加大对新兴领域的投资，努力为投资者创造长期稳定收益，减少预防性储蓄，从而提高国家的财富水平。

二　促进绿色发展效率提升的对策建议

从社会层面促进我国绿色发展效率的提升，需要广泛动员社会各方力量参与。社会层面的对策建议包括加强环境教育和宣传、鼓励绿色生活方式、推动绿色消费和循环经济等方面的举措。本部分将从这些方面提出一些切实可行的对策建议，以期能够为我国绿色发展效率的提升提供参考。

（一）加强环境教育和宣传

环境教育和宣传是提高公众环保意识和参与度的重要途径，可以通过以下政策措施加强环境教育和宣传。第一，整合资源，建立环境教育网络。鼓励学校、社区、媒体等各方合作，建立完善的环境教育网络。通过开展环境课程、举办主题活动、制作宣传材料等方式，普及环境知识，提高公众环保意识。第二，加强公众参与，推动环境保护行动。鼓励公众积极参与环境保护行动，如参与环境监测、举报环境违法行为等。同时，建立健全公众参与机制，提供信息透明和公正公平的平台，促进公众的环境参与和监督。第三，加大媒体宣传力度。鼓励媒体加大环境宣传的力度，通过报道典型案例、推出专题节目等方式，引导公众关注环境问题，提高环境保护的社会声音。通过加强环境教育和宣传，可以提高公众对绿色发展的认知和理解，形成社会共识，推动我国绿色发展效率的提升。

（二）鼓励绿色生活方式

绿色生活方式是一种低碳、环保、可持续的生活方式，对促进绿色发展效率的提高具有重要作用，可以通过如下的政策措施来倡导绿色生活方式。第一，提供绿色消费信息。建立绿色产品和服务的认证制度，提供可靠的绿色消费信息，帮助消费者做出绿色购买决策。同时，鼓励企业提供绿色产品，通过绿色标识和宣传，引导消费者关注绿色产品。第二，建立绿色交通体系。推广低碳交通工具，鼓励绿色出行方式，如步行、骑行和公共交通。同时，加大对公共交通的投入，提高公共交通的服务质量和扩大覆盖范围。第三，推广节能环保的生活方式。加强节能环保的宣传教育，引导公众节约能源、减少废弃物产生，采用可再生能源，等等。鼓励公众采用低碳生活方式，如节约用水、垃圾分类等。通过鼓励公众采取绿色生活方式，可以降低资源消耗和环境污染，提高绿色发展效率。

（三）推动绿色消费和循环经济

绿色消费和循环经济是实现可持续发展的重要路径，可以通过如下的政策措施来推动绿色消费和循环经济发展。首先要建立绿色消费市场机制，鼓励企业提供绿色产品和服务，通过价格优惠、税收减免等方式激励消费者进行绿色消费。同时，加强市场监管，打击虚假绿色宣传和不合格产品。其次要建立循环经济体系，制定循环经济的法律法规，建立循环经济的市场机制和产业链条。鼓励企业开展废物资源的回收利用和再生利用，推动废物减量化、资源化和再利用。最后要加强绿色供应链管理，推动企业建立绿色供应链管理体系，要求供应商符合环境标准和道德要求。同时，鼓励企业采用可持续的采购方式，选择绿色供应商和产品。通过推动绿色消费和循环经济，可以促进资源的有效利用，减少环境污染和废弃物产生，提升绿色发展效率。

第三节　企业层面

一　促进财富水平提高的对策建议

提高我国财富水平是一个综合性的任务，需要国家、社会和企业共同努力。在企业层面，通过实施合理的政策措施，可以促进财富的增长。本部分从企业层面提出一些对策建议，旨在激发企业的创新创业活力，提高生产效率和综合竞争力，从而推动我国财富水平的提高。

（一）鼓励创新创业

首先，要建立创新创业支持体系。政府应设立专门的基金和支持机构，为创新创业提供资金支持和专业服务，如提供创业孵化器、科技园区等创业场所，提供设备和基础设施支持，帮助创业者降低成本和风险。其次，要加强科技研发合作。鼓励企业之间、企业与高校科研机构之间的合作，促进技术创新和成果转化。建立科技创新联盟和合作平台，共享科研资源和成果，提高科技创新效率和水平。最后，要为企业提供知识产权保护支持。加强知识产权保护，建立健全知识产权管理机制和法律法规，为创新企业提供知识产权申请和维权的支持与指导，保护创新成果的合法权益。

（二）提高生产效率和综合竞争力

第一，推动数字化转型。鼓励企业加强信息化建设，推动数字化转型。投资于信息技术和自动化设备，提高生产和管理效率，降低成本。推广智能制造、物联网等先进技术，提高生产过程的智能化和自动化水平。第二，加强人才培养与管理。注重人才的培养和引进，提高员工的专业素质和创新能力。建立健全人才评价和激励机制，激发员工的积极性和创造力。加强人力资源管理，提高人力资源配置效率和质量。第三，实施绿色生产和可持续发展策略。关注环境保护，提高资源利用效率，推行绿色生产理念。采用清洁能源和低碳技术，减少污染物排放和资源消耗。推广循环经济和可持续发展模式，提高资源的回收利用率和能源利用效率。

（三）加强企业社会责任

第一，践行企业社会责任理念。企业应积极履行社会责任，关注员工福利、环境保护、社会公益等方面。建立企业社会责任制度，明确责任和义务，加强与外界的沟通。第二，强化企业道德和诚信建设。加强企业道德教育和诚信意识培养，倡导诚实守信、公平竞争的商业道德。建立企业诚信评价机制，加强对不诚信企业的惩罚和约束，维护市场秩序和公平竞争环境。第三，加强企业与社会的互动与合作。鼓励企业参与社会公益事业和社区建设，积极开展慈善捐助和志愿服务活动。与政府、社会组织等各方建立良好的合作关系，推动社会进步，促进共同富裕。

（四）加强企业管理和创新能力

第一，提升企业管理水平。加强企业内部管理，建立科学高效的组织结构和管理体系。注重信息管理和决策支持系统的建设，提高企业运营和管理效率。第二，加强企业创新能力。培育创新文化，鼓励员工的创新思维和创新行为。建立创新激励机制，奖励创新成果和创新团队。加强与高校、科研院所等创新资源的合作，提升企业的创新能力和竞争力。第三，加强国际合作，拓展市场，积极参与国际竞争与合作，开拓国际市场。建立国际化的运营模式和营销网络，提升企业的国际影响力和竞争优势。

二　促进绿色发展效率提升的对策建议

为促进我国绿色发展效率的提高，还需要从企业层面出发，制定一系列政策措施来引导企业转向绿色发展模式。这些对策建议包括加强绿色创新和技术研发、建立绿色供应链管理体系、推动企业环境管理和节能减排等方面的措施。本部分将从这些方面提出一些可行性较强的对策建议，以期能够为我国企业实现绿色发展提供参考。

（一）加强绿色创新和技术研发

绿色创新和技术研发是企业实现绿色发展的核心驱动力，可以通过如下政策措施来加强企业绿色创新和绿色技术研发。第一，加大绿色创新投入。鼓励企业增加对绿色创新的投入，设立绿色创新基金，支持绿色技术和产品的研发。同时，建立绿色创新评价体系，对绿色创新成果进行评估和认证，为企业提供市场竞争优势。第二，加强技术研发合作。促进企业间和企业与科研机构之间的技术研发合作，建立绿色技术创新联盟。通过共享研发成果、合作攻关，提高绿色技术的研发效率和成果转化速度。第三，加强知识产权保护。建立健全知识产权保护体系，加强对绿色技术的保护和监管，鼓励企业积极开展技术创新，保护和推广绿色技术成果。通过加强绿色创新和技术研发，可以推动企业向绿色发展转型，提高绿色发展效率。

（二）建立绿色供应链管理体系

绿色供应链管理是企业实现绿色发展的重要环节，可以通过如下政策措施来推动绿色供应链管理体系的建立健全。首先是要设立绿色供应商评价体系，建立绿色供应商评价指标和评估标准，对供应商的环境责任、绿色产品、环境管理等方面进行评估和认证。鼓励企业选择符合绿色要求的供应商，推动绿色供应链的建立。其次是要加强供应链信息共享，建立供应链信息共享平台，鼓励企业共享环境数据、绿色产品信息和供应链管理经验，促进信息的透明和共享，提高整个供应链的绿色水平。最后是要积极促进供应链绿色技术创新，鼓励企业与供应商共同进行绿色技术创新，推动供应链中的绿色技术应用和共同研发。通过技术创新和绿色供应链的整合，提高绿色发展效率和整体性能。通过建立绿色供应链管理体系，可以推动企业与供应商共同参与绿色发展，实现绿色供应链的高效运作。

（三）推动企业环境管理和节能减排

企业的环境管理和节能减排是绿色发展的重要方面，为了提高企业的环境管理能力和节能减排水平，可以从如下几个方面入手。第一，强化环境管理要求。加强对企业环境管理的监督和检查，建立健全环境管理制度和流程。对环境违法行为进行严厉惩处，推动企业履行环境责任，提高环境管理水平。第二，加大节能减排力度。制定更加严格的节能减排目标和指标，对企业进行节能减排的约束和激励。鼓励企业采用清洁生产技术，推广节能设备和工艺，实施能源管理体系，提高资源利用效率。第三，建立碳排放交易市场。建立碳排放交易市场，引导企业通过购买碳排放配额和参与碳交易来实现减排目标。通过市场机制的作用，提高企业减排的经济效益和积极性。通过推动企业环境管理和节能减排，可以降低企业对环境的负面影响，提高绿色发展效率。

　　总之，通过国家、社会和企业三个层面政策举措的综合推动，可以促进我国财富增长与绿色发展效率的同步提高，形成经济发展和环境保护的双赢局面。只有在绿色可持续发展的道路上不断前行，我们才能创造出绿色、健康的工作、学习和生活环境，才能建设更加美丽的中国。

参考文献

陈喆、郑江淮，2022，《绿色技术创新能够促进地区经济高质量发展吗？——兼论环境政策的选择效应》，《当代经济科学》第 4 期。

崔惠玉，2022，《共同富裕视阈下生态补偿财政政策研究》，《甘肃社会科学》第 4 期。

董直庆、王辉，2021，《城市财富与绿色技术选择》，《经济研究》第 4 期。

盖美、连冬、田成诗等，2014，《辽宁省环境效率及其时空分异》，《地理研究》第 12 期。

高培勇、杜创、刘霞辉等，2019，《高质量发展背景下的现代化经济体系建设：一个逻辑框架》，《经济研究》第 4 期。

郜进兴，2023，《支持绿色低碳发展的财政政策》，《财政科学》第 1 期。

郭付友、高思齐、佟连军等，2022，《黄河流域绿色发展效率的时空演变特征与影响因素》，《地理研究》第 1 期。

郭晗、任保平、廉玉妍，2019，《高质量发展背景下我国财富指数的测度与分析》，《经济纵横》第 2 期。

郭进，2019，《环境规制对绿色技术创新的影响——"波特效应"的中国证据》，《财贸经济》第 3 期。

郭晓桐、陈东景，2023，《基于中介效应模型的地区财富对绿色技术创新影响研究》，《青岛大学学报》（自然科学版）第 2 期。

何立华、金江，2010，《自然资源、技术进步与环境库兹涅茨曲线》，《中国人口·资源与环境》第 2 期。

黄杰，2018，《中国绿色发展效率的区域差异及动态演进》，《地域研究与开发》第 4 期。

金碚，2018，《关于"高质量发展"的经济学研究》，《中国工业经济》第 4 期。

李江龙、徐斌，2018，《"诅咒"还是"福音"：资源丰裕程度如何影响中国绿色经济增长？》，《经济研究》第 9 期。

李时兴，2012，《偏好、技术与环境库兹涅茨曲线》，《中南财经政法大学学报》第 1 期。

李涛、陈斌开，2014，《家庭固定资产、财富效应与居民消费：来自中国城镇家庭的经验证据》，《经济研究》第 3 期。

刘紫娟，2022，《中国城市绿色发展效率评价及影响因素研究》，硕士学位论文，华中师范大学。

卢洪友、张靖妤、许文立，2016，《中国财政政策的绿色发展效应研究》，《财政科学》第 4 期。

陆旸、郭路，2008，《环境库兹涅茨倒 U 型曲线和环境支出的 S 型曲线：一个新古典增长框架下的理论解释》，《世界经济》第 12 期。

毛学锋，2022，《云南省工业生态效率的测度与影响因素研究》，硕士学位论文，云南师范大学。

齐绍洲、林屾、崔静波，2018，《环境权益交易市场能否诱发绿色创新？——基于我国上市公司绿色专利数据的证据》，《经济研究》第 12 期。

任保平，2010，《西方经济学财富观的历史演变：一个文献述评》，《经济学家》第 1 期。

任保平、李梦欣，2022，《人力财富推动中国经济高质量发展的理论与机制研究》，《中国经济问题》第 3 期。

任梅、王小敏、刘雷等，2019，《中国沿海城市群环境规制效率时空变化及影响因素分析》，《地理科学》第 7 期。

任宇飞、方创琳、蔺雪芹，2017，《中国东部沿海地区四大城市群生态效率评价》，《地理学报》第 11 期。

佘群芝、王文娟，2012《减污技术与环境库兹涅茨曲线——基于内生增长模型的理论解释》，《中南财经政法大学学报》第 4 期。

单豪杰，2008，《中国资本存量 K 的再估算：1952~2006 年》，《数量经济技术经济研究》第 10 期。

石英华、刘帅，2022，《"双碳"目标下绿色投资政策实践、问题及建议》，《地方财政研究》第 10 期。

孙伟增、张晓楠、郑思齐，2019，《空气污染与劳动力的空间流动——基于流动人口就业选址行为的研究》，《经济研究》第 11 期。

田光辉、李江苏、苗长虹等，2022，《基于非期望产出的中国城市绿色发展效率及影响因素分析》，《经济地理》第 6 期。

田光辉、苗长虹、胡志强等，2018，《环境规制、地方保护与中国污染密集型产业布局》，《地理学报》第 10 期。

田亚鹏、柳晓艺，2021，《基于超效率 SBM-DEA 和空间分析的区域绿色发展效率评价》，《统计与信息论坛》第 8 期。

王兵、唐文狮、吴延瑞等，2014，《城镇化提高中国绿色发展效率了吗?》，《经济评论》第 4 期。

王镝、唐茂钢，2019，《土地城市化如何影响生态环境质量?——基于动态最优化和空间自适应半参数模型的分析》，《经济研究》第 3 期。

王芳、曹一鸣、陈硕，2019，《反思环境库兹涅茨曲线假说》，《经济学》第 1 期。

王树文、王京诚，2022，《城市生活垃圾与经济增长的非线性关系——基于环境库兹涅茨曲线的实证分析》，《中国人口·资源与环境》第 2 期。

王艳、苏怡、刚翠翠，2020，《中国工业增长质量测度及影响因素分析》，《生产力研究》第 7 期。

王一鸣，2019，《中国的绿色转型：进程和展望》，《中国经济报告》第 6 期。

王一鸣，2021，《抢抓碳达峰碳中和重大战略机遇推动产业结构优化升级》，《智慧中国》第 12 期。

王宇、李琳娜、王瑛等，2023，《内蒙古火电行业能效水平分析及优化路径研究——基于 SBM 模型及 GML 指数模型的分析》，《内蒙古大学学报》（自然科学版）第 3 期。

吴传清、宋筱筱，2018，《长江经济带城市绿色发展影响因素及效率评估》，《学习与实践》第 4 期。

吴敏、周黎安，2018，《晋升激励与城市建设：公共品可视性的视角》，《经济研究》第 12 期。

吴延兵，2008，《用 DEA 方法评测知识生产中的技术效率与技术进步》，《数量经济技术经济研究》第 7 期。

谢秋皓、杨高升，2019，《新型城镇化背景下中国区域绿色发展效率测算》，《统计与决策》第 24 期。

徐佳、崔静波，2020，《低碳城市和企业绿色技术创新》，《中国工业经济》第 12 期。

许文，2023，《完善支持绿色发展的税收政策：顶层设计与政策协同》，《国际税收》第 4 期。

原毅军、陈喆，2019，《环境规制、绿色技术创新与中国制造业转型升级》，《科学学研究》第 10 期。

藏媛，2019，《西部地区绿色发展评价及影响因素研究》，硕士学位论文，兰州财经大学。

张德涛、张景静，2023，《共同富裕观下的财富与绿色发展——效应检验与机制分析》，《软科学》第 6 期。

张国俊、黄婉玲、周春山等，2018，《城市群视角下中国人口分布演变特征》，《地理学报》第 8 期。

张军扩、侯永志、刘培林等，2019，《高质量发展的目标要求和战略路径》，《管理世界》第 7 期。

张军、吴桂英、张吉鹏，2004，《中国省际物质资本存量估算：1952—2000》，《经济研究》第 10 期。

张明斗、王亚男，2022，《低碳政策试点、区域非均衡与城市财富增长》，《山西财经大学学报》第 8 期。

张晓娇、周志太，2017，《构建促进绿色产业发展的绿色财政体系》，《合肥工业大学学报》（社会科学版）第 5 期。

张艳、郑贺允、葛力铭，2022，《绿色发展效率测度及协同提高机制研究分析——以中原城市群为例》，《生态经济》第 1 期。

郑德凤、郝帅、孙才志等，2018，《中国大陆生态效率时空演化分析及其趋势预测》，《地理研究》第 5 期。

钟优慧、杨志江、叶慧铮，2024，《环境规制对中国绿色全要素生产率区域不平衡的影响》，《湖南农业大学学报》（社会科学版）第 2 期。

周清香、李娟娟，2023，《经济集聚对绿色发展效率的影响效应及作用机制》，《统计与决策》第 12 期。

朱诗娥、杨汝岱、吴比，2018，《中国农村家庭收入流动：1986～2017 年》，《管理世界》第 10 期。

Anselin, L., 1988, *Spatial Econometrics: Methods and Models.* Kluwer Academic, Boston.

Anselin, L., 1995, "Local Indicators of Spatial Association—LISA", *Geographical Analysis*, 27: 93-115.

Anselin, L., 2007, "Spatial Econometrics in RSUE: Retrospect and Prospect-ScienceDirect", *Regional Science and Urban Economics*, 37 (4): 450-456, DOI: 10.1016/j.regsciurbeco.2006.11.009.

Anselin, L. , 2010, "Thirty Years of Spatial Econometrics", *Papers in Regional Science*, 89 (1): 3-25.

Anselin, L. , et al. , 2006, "GeoDa: An Introduction to Spatial Data Analysis", *Geographical Analysis*, DOI: 10.1111/j.0016-7363.2005.00671.x.

Anselin, L. , Griffith, D. A. , 1988, "Do Spatial Effecfs Really Matter in Regression Analysis?", *Papers in Regional Science*, DOI: 10.1111/j.1435-5597.tb01155.x.

Anselin, L. , Rey, S. , 2010, "Properties of Tests for Spatial Dependence in Linear Regression Models", *Geographical Analysis*, 23 (2): 112-131, DOI: 10.1111/j.1538-4632.1991.tb00228.x.

Davidson, R. , MacKinnon, J. G. , 2004, *Econometric Theory and Methods*. New York: Oxford University Press.

Elhorst, J. P. , 2014, *Spatial Econometrics : From Cross-sectional Data to Spatial Panels*. Physica-Verlag HD.

Lind, J. T. , Mehlum, H. , 2010, "With or without U? —The Appropriate Test for a U-shaped Relationship", *Oxford Bulletin of Economics and Statistics*, 72 (1): 109-118.

Oh, D. H. , 2009, A Global Malmquist-Luenberger Productivity Index—An Application to OECD Countries 1990 – 2004, Working Paper Series in Economics and Institutions of Innovation, http: //swopec.hhs.se/cesisp/abs/cesisp0164.htm.

Paelinck, K. , 1979, *Econometrics and the Philosophy of Economics : Theory-Data Confrontations in Economics*. Princeton University Press.

Sasabuchi, S. , 1980, " A Test of a Multivariate Normal Mean with Composite Hypotheses Determined by Linear Inequalities", *Biometrika*, 67 (2): 429-439.

Tian, Q. , Zhao, T. , Yuan, R. , 2021, "An Overview of the Inequality in

China's Carbon Intensity 1997 - 2016: A Theil Index Decomposition Analysis", *Clean Technologies and Environmental Policy*, DOI: 10. 1007/s10098-021-02050-x.

Tone, K. A. , 2001, "Slacks-based Measure of Efficiency in Data Envelopment Analysis", *European Journal of Operational Research*, 130 (3): 498 - 509, DOI: 10. 1016/S0377-2217 (99) 00407-5.

图书在版编目（CIP）数据

财富水平与绿色发展效率／王艳龙，孙铁柱，范阳
著 . --北京：社会科学文献出版社，2024.12.
ISBN 978-7-5228-4461-9

Ⅰ.F124.5

中国国家版本馆 CIP 数据核字第 20248F32B8 号

财富水平与绿色发展效率

著　　者／王艳龙　孙铁柱　范　阳

出 版 人／冀祥德
责任编辑／高　雁
文稿编辑／王红平
责任印制／王京美

出　　版／社会科学文献出版社·经济与管理分社（010）59367226
　　　　　地址：北京市北三环中路甲 29 号院华龙大厦　邮编：100029
　　　　　网址：www.ssap.com.cn
发　　行／社会科学文献出版社（010）59367028
印　　装／三河市尚艺印装有限公司

规　　格／开　本：787mm×1092mm　1/16
　　　　　印　张：11　字　数：151 千字
版　　次／2024 年 12 月第 1 版　2024 年 12 月第 1 次印刷
书　　号／ISBN 978-7-5228-4461-9
定　　价／128.00 元